区域名师工作室与教师专业发展的探索与研究

姚丽萍◎著

吉林出版集团股份有限公司 | 全国百佳图书出版单位

图书在版编目（CIP）数据

区域名师工作室与教师专业发展的探索与研究 / 姚
丽萍著. -- 长春 : 吉林出版集团股份有限公司, 2022.5
ISBN 978-7-5731-1511-9

Ⅰ.①区… Ⅱ.①姚… Ⅲ.①师资培养—研究 Ⅳ.
①G451.2

中国版本图书馆CIP数据核字(2022)第070735号

区域名师工作室与教师专业发展的探索与研究

QUYU MINGSHI GONGZUOSHI YU JIAOSHI ZHUANYE FAZHAN DE
TANSUO YU YANJIU

著　　者　姚丽萍
出 版 人　吴　强
责任编辑　蔡宏浩
责任校对　朱　进
装帧设计　海图航轩
开　　本　787 mm × 1092 mm　1/16
印　　张　8.75
字　　数　150千字
版　　次　2022年5月第1版
印　　次　2022年5月第1次印刷

出　　版　吉林出版集团股份有限公司
发　　行　吉林音像出版社有限责任公司
　　　　　（吉林省长春市南关区福祉大路5788号）
电　　话　0431-81629667
印　　刷　三河市嵩川印刷有限公司

ISBN 978-7-5731-1511-9　　定　价　52.00元

前　言

教育的发展变革对教师专业化水平提出了更高的要求，通过名师指导促进教师专业发展的名师工作室成为当前教师培训的一种普遍方式。名师工作室的出现，不仅符合教育实际的需要，而且丰富了教师专业化发展的途径，培养了大量的骨干教师，促进了教学改革，推动了教育的均衡发展，在促进教师专业化发展水平方面起着重要的作用。

名师工作室在促进教师的专业发展方面发挥着很大的作用。因此，本文通过对名师工作室的组建、运行机制、开展活动的途径和方式、对教师专业发展的作用进行研究和讨论。

名师工作室主要是通过邀请名师开展讲座、组织系列教学研究活动以及开展竞赛比拼等活动来开展工作室活动的，工作室组织的活动为教师的专业发展提供了学习资源，能够促进教师之间的专业知识与经验的交流，提高了教师对教学的反思能力，并且在促进名师的专业发展上起了很大的作用。此外，本文还对名师工作室的进一步发展提出了一些发展的建议和展望，试图为促进工作室的良好发展提供参考。

目 录

第一章 绪论

一、问题缘起

教育以师为本，强教必先强师。教师是教育改革和发展的主体，教师的综合素质和能力水平是我国教育改革成败的关键。新课程理念倡导合作，要求充分发挥每位教师的优势，相互学习，抱团发展。因此，教师的专业发展需要一个具有良性生态环境的学习型组织，通过这一组织，可以充分激发每个教师的积极性和创造性，可以充分利用团队资源，实现教师个人成长，而教师专业学习共同体正是满足这样需求的学习组织。自20世纪90年代以来，以英国和美国等为代表的发达国家兴起了"专业学习共同体"这种促进教师专业发展的新模式，这种模式在学习者自愿参与的前提下，注重学习者的分享与合作，因为有着共同愿景，学习者可以联系在一起共同学习。专业学习共同体是以教师专业发展为目标，以教师"教"的困惑和学生"学"的需求为关注点，使教师能够共享经验、共担责任、共同学习的组织。

伴随我国基础教育改革的推进，如何促进教师专业发展是我国当前深化教育改革的关键课题。从"免费师范生"到"国家培训计划"，从职前教师培训到职后教师培养，从政府大力支持中西部地区农村教师校长培训到扩大农村特岗教师培训规模，都体现了国家对教师专业发展的关注。但目前的教师培训把立足点放在改造教师上，参加者缺乏自主学习能力，教师在教育、培训过程中不是主观能动的主体，而是被动的受教对象。本世纪以来，随着专业学习共同体的兴起，在基础教育领域，为了提高优秀教师专业能力，各类名师工作室作为教师职后教学成长的一种创新尝试应运而生。通过名师工作室平台，使得名师在专业层面上能够发挥更大的作用，同时让他们在与同仁的沟通中碰撞出新的思维火花。

教育部呼吁各级党委和政府要从战略和全局高度充分关注教师工作的关键作用，在教师教育师资队伍优化行动中，要求组建中小学名师工作室，充分发挥优秀教师在师范生培养和在职教师常态化研修中的重要作用。从以上文件可以看出，国家层面对名师所发挥的示范引领作用给予了政策支持，希望通过建立教师专业学习共同体的方式，引领区域优秀教师的专业发展。

虽然在促进教师专业发展方面，名师工作室摸索出了自己特有的模式，但在建设运行的实践过程中，也暴露出政府支持力度有待加强、工作室运行机制不完善、成员积极性不高等问题。同时，前期的相关文献研究多是从整体宏观角度探讨行政部门、学校及工作室的相应做法，对深入工作室这个微观个体的组建及运行涉及较少。鉴于此，本研究以岳阳市7个名师工作室为研究对象，通过访谈工作室成员、参与工作室活动等方式，搜集相关的文字及音频资料，对工作室运行机制、活动现状等进行追踪调查，详细剖析工作室运作方式、面临的不足及解决对策，以期为促进区域教师专业成长提供有效的支持与参考。

二、研究述评

（一）研究思路、内容与方法

1. 研究思路

本研究基本思路如下：在前期对名师工作室相关文献的梳理及对教师专业发展理论探究的基础上，选取具有代表性的7个名师工作室作为样本，通过观察法和访谈法，记录在名师工作室中的教师专业学习实践活动，分析工作室的基本情况和在促进教师专业发展方面的成效；在对所收集资料进行研究的基础上，剖析目前名师工作室存在的不足，并提出改善名师工作室建设的建议。

2. 研究内容

基于上述思路，本研究主要包括以下四个方面问题：

（1）研究名师工作室的发展现状及运行机制

通过教师访谈、参与观察以及资料分析，分析名师工作室的运行机制和运作流程。

（2）研究名师工作室对促进教师专业发展的成效

在对前期获得的资料整理的基础上，梳理总结名师工作室在教师专业发展中的作用及成效，探讨名师工作室是如何构建平台、引领优秀教师专业发展并提高区域内教师的整体专业水平的。

（3）分析名师工作室在运行中存在的不足及原因

通过对名师工作室成员的访谈、观察，揭示目前名师工作室存在的不足，并分析出现这些不足的原因。

（4）探寻名师工作室促进教师专业发展的对策

本研究通过对名师工作室目前存在不足的细致分析，找出原因，并提出相应的对策，为教育行政部门完善各级名师工作室建设提供实际参考，从而更好地促进教师专业发展。

3. 研究方法

本研究主要采用以下研究方法：

（1）访谈法

为了更全面、更细致地了解名师工作室的运作方式及活动内容，笔者从具体的研究目的和内容出发，设计访谈提纲，对工作室主持人和成员进行开放式访谈，以深入了解名师工作室的运行机制、成效及问题，为本文的分析提供了重要的依据。

（2）参与式观察法

通过参与工作室活动，了解教师工作和学习的真实状况，并做了大量相关记录，为研究名师工作室的建设和运营过程、分析目前存在的不足和提出相应对策提供了丰富、真实的资料。

（3）文献研究法

通过阅读教师专业学习共同体的相关理论著作和名师工作室的建设与运作的文献，了解了该理论下名师工作室对促进教师专业成长和教育智慧形成的重要性。通过知网等数据库资源，了解相关研究机构的研究现状，总结和借鉴以往的经验，澄清现有的研究问题，全面理解和掌握总体思路和本研究的内容。

通过文献梳理可以发现，关于名师工作室的研究成果比较丰富，为本研究提供了借鉴价值，但研究的针对性可以加强，对工作室的指导可以更细化，前人研究的不足也为进一步的研究留下了一定空间。

通过对已有研究成果的梳理，可以发现对于名师工作室的研究多是从整体宏观角度探讨行政部门、学校及工作室的相应做法，对深入工作室这个微观个体的组建及运行涉及较少，研究成果多为理论层面的思辨式研究，提出的策略大多笼统、泛化，实证性研究略显不足。为此，本研究将主要采用访谈和观察的研究方法，深入名师工作室的环境内部，倾听他们的心声，了解他们在发展过程当中的困惑，从而探寻更具针对性和可操作性的突破路径。

三、概念界定

（一）教师专业发展的相关研究

教师专业发展是教育管理与改革的重要内容，广大学者对这一问题非常关注，尤其在教师专业发展的内涵与途径等方面形成了丰富的研究。

1. 教师专业发展的内涵

教师在共同体中通过参与合作，提升教学方法以及增长实践知识的过程即教师专业发展，他将教师关注的重心从"个体"转向了"学习共同体"。教师的专业发展需要通过在职教育或教师培训得到提高。除此之外，它还需要教师在教学意识、教学能力和合作方面取得进步。教师专业发展本质上是一个自我完善的过程，是教师个人的专业性不断发展和提升的过程。教师专业发展不管是在任教前的师资培训，还是在任教时的在职学习，或是职后的进修等各阶段，教师都必须不断地研学，使其专业内涵不断丰富，进而达到专业成熟的过程。教师除了是大家理解意义上的一种职业外，还是一种特殊的专业，教师专业发展可以看作是教师自我理解的过程，即通过自我反思来改变自我，进而自主发展的过程。从宏观层面上看，教师专业发展是教师职业化的过程，从微观上定义，是指教师本人通过主动对教学工作进行实践与探索，达到明确教育教学理念、优化教学知识结构、提升教学专业技能的目的。如果从实践的角度来看，教师的专业发展就是通过专业实践的改善，不断提高教育教学工作质量的过程。

2. 教师专业发展的有效途径

教师的专业发展除了要靠自己外，还需要同伴和专家的协助，因此，在新课程背景下，自主研究、同伴协助和专家指导已成为促进教师专业发展的三大策略。教师专业发展除了要有内部机制外，还需要外部促进。教师专业发展的内在机制包括教师日常的各种活动，外部促进包括资格证书制度、任用制度、教育机构认证制度、教育课程评估制度、教师教育质量评价体系等方式。还有研究者在借鉴了国外经验后提出，教师专业发展需要实现高校与中小学之间的合作，进一步加强教师行为研究，形成跨区域的教师学习群体，并根据终身学习理论对教师职业生涯的不同阶段给予不同的关注。教师的专业发展与教师个人、学校及教育系统息息相关。教师个人首先要有发展意识，然后学校对教师的发展起到监督促进作用，而教育系统则起到规范教师发展的作用。教学不单单需要教师个人的努力，更需要学生的学来互动，因此，教师专业发展不能离开学生，她总结出基于核心素养的教师培养模式，建议整合高校资源，为教师开设与核心素养相吻合的课程，并改变过去对教师的评价标准，建立多维度、综合性的评价体系。新教师专业发展提供建议，一是为新教师创造更多与资深教师学习交流的平台；二是强化解决新教师教学实践问题的学习内容；三是采用建构式的、长周期的学习方式，根据新教师在教育教学实践中随时出现的新情况、新问题提供具有针对性的帮助，从而显著提升新教师学习的效果。

（二）名师工作室的相关研究

通过对文献的整理分析，关于名师工作室的研究，主要包含名师工作室的目标与作用、运行机制以及存在的问题与建议三个方面：

1. 关于名师工作室的目标及作用研究

名师工作室因其实践性以及团队合作性的特点，具有"让普通教师成才，让骨干教师成名，让名师变得更有名"的三重培养目标。

名师工作室的目标只能是在工作室的运行探索中，实现对名师的把握和对教师的带动，进而凸显工作室的辐射功能。名师工作室的目标应该是加强师资队伍建设，充分发挥名师在教学、教育、科研、师资培训等方面的主导作用，引入项目管理的理念，通过新的运作方式为名师的发展提供更多的空间，创新名师的培训模式。名师工作室的目标并不是通过对名师的复制来扩大名师队伍，而是通过名师的引领，推动优质教育资源的形成，利用资源的共享，提高教师的整体水平，进而促进教育均衡发展。

目标明确后，对于名师工作室的作用，不同研究者也是看法不一。名师工作室的作用有三个：一是搭建平台，让更多优秀教师能够凸显出来；二是建立制度，激发成员们的思维碰撞；三是传播理念，通过名师引导，更新成员观念，促进教师成长。名师工作室通过名师指导和教师自我成长相结合，形成一个以教研为主的团队，通过共同学习和研修，辐射更多教师的专业发展。名师工作室可以通过优质资源的共享，更高效地培养名优教师，在促进教育均衡化发展的同时，营造良好的学习风气，提高教师研究水平，进而推动区域教育发展。名师工作室在以下四个方面促进教师发展：一是加大了优质教师在各校和各区之间的流动；二是通过名师的示范引领，使成员共同发展；三是通过集体教研，提高教学质量；四是进一步关注学生需求，促进师生教学相长。名师工作室在促进教师专业发展方面作用巨大，不但改善教师的教育教学方法，还能促进教师在理论学习的基础上积累知识，进而促进整个教师队伍的成长。

2. 运行机制研究

如何有效地建立和管理名师工作室是相关文献研究的重点。关注这一点，有助于我们进一步了解名师工作室运作的基本情况。徐新民等认为，名师工作室的管理运行机制包括：以价值、任务、行为三个导向为主的行政导向机制；以专业指导、任务落实为主的指导落实机制；以服务式的监督、激励式的保障为主的监督保障机制。名师工作室是通过教师学习共同体这种形式带动教师成长，但因为工作室的发展还在起步阶段，有很多内容和学校教研室有相近的地方，其运行机制也是参照教研室而进行。名师工作室只有完善运行机制，外部支持得到保障，才能真正发挥其作用。而工作室能够高效运转的关键是协同工作室的内部教师力量和外部学校与行政部门力量，建立适合自身的运行模式。除此以外，有效的考核机制也很关键。只有将内部运行、外部力量保障和有效的考核评价结合起来，才能更好地促进工作室的发展。名师工作室应该以教学研引领发展为目标，带动工作室成员的思考和实践，通过教师团队的成长，引领带动区域内教师的发展。在对比之前封闭式教师培训机制后，提出了新的运行机制。第一种机制是导师+助理，第二种机制是底线+示例，第三种机制是订制+梯队开发。根据南通名师工作室经验，探索出了一条名师工作室发展的"南通路径"，即在管理上追求精致、在发展上突出自主、在立意上体现高远、在成长中强调共生共行、在教研中坚持跨界多维、在运行中促进引领辐射作用。

3. 名师工作室存在的问题及建议研究

名师工作室在运行中存在建设手段不先进、活动内容不新颖及工作室预期效果不明显等问题。并分析其中的原因是机制建设不完善、成员的发展动力不足以及名师工作室领衔人选拔不够严格。为解决上述问题，需要完善运行机制，丰富工作室的活动内容，并加强主持人和成员的学习积极性，有针对性地开展活动等。

一些名师离教学一线很远，导致他们的工作室无法正常运作。名师工作室的发展应遵循以下五大战略：第一，团队指导战略；第二，项目指导战略；第三，实践评估战略；第四，互动沟通战略；第五，可持续发展战略。

在名师工作室的建设中，存在着职责不清、职能不明、管理不严、考核乏力等问题。进而提出了四点建议：一是标准化；二是严格审核名师工作室的审批；三是名师工作室内部分工协作；四是名师工作室的建设需要有关单位和人员的协调与配合。

在一些名师工作室里，他们会利用自己固化的教学经验和结论来指导他们教学。但是名师工作室不仅需要有经验丰富的名师主持，更重要的是要有教学思想和创新想法的名师引导。

从名师的确定到每个成员的构成，从活动计划到实施都是在主持人的指导和安排下进行的。这种具有强制性的名师工作室，其真正的意图和效果大打折扣。对此，有三点看法：第一，活动目标应代表集体的想法；第二，活动内容应以实际教学案例为背景；第三，活动形式应不受时间、空间的制约，实现全员参与。

名师工作室建设中存在的问题可概括为以下几种：首先，工作室的组织机构不完善；其次，即使部分工作室有完善的组织，但组织内部开展活动较少；再次，工作室即使开展了活动也没有多大意义；最后，活动就算有意义但对后期的发展没有指明方向。名师工作室只有按照先进理念的指引，把建设思路理清，在此基础上实施方案，才能解决工作室运行中的困难。

（三）名师工作室与教师专业发展关系研究

关于名师工作室在教师专业发展过程中的作用，也有学者做了以下研究。朱伟指出，以名师工作室为基础的教师专业发展优势在于在教学行动中学习教学方法，有利于教师积累教学实践知识。便捷的传播媒介使名师工作室超越了学校的局限，通过教学信息的共享形成资源优势实现教师的专业发展。

名师工作室能把握现实需求，提升教师的核心素养；通过大力开展教研活动提升教师科研能力；立足于乡土，结合实际开发教育教学资源；针对农村学生的特点，提炼出名师工作室的教学主张。

名师工作室这个平台是青年教师成长的基础，通过团队合作形式提高教师在组织内的自信，并增强他们的教育教学能力，促进教师专业发展。

工作室成员之间的专业发展不平衡现象，认为必须通过明确成员发展目标、加强成员的教学反思、提高成员在教学上的研究能力等方式，使进步较慢的学员跟上工作室的整体步伐。

（四）教育学的概念

1. 教育的发展与本质

（1）教育的起源

教育起源问题既是教育史研究的范畴，也是教育基本理论研究的重要课题。关于教育的起源问题有许多不同的观点，生物起源说、心理起源说、劳动起源说是比较有代表性的三种学说。

①教育的生物起源论

教育从它的起源来说是一个生物学的过程，不仅一切人类社会有教育，不管这个社会如何原始，甚至在高等动物中也有低级形式的教育。我之所以把教育称之为生物学的过程，意思就是说，教育与种族需要、种族生活是相应的，天生的，而不是获得的表现形式；教育既无周密的考虑使它产生，也无需科学予以指导，它是扎根于本能的不可避免的行为。

教育的生物起源论者把教育的起源归之于动物的本能行为，归之于天生的，像动物本能那样原本具有的生物行为，教育过程即按生物学规律进行的本能过程，这就完全否认了人与动物的区别，否认了教育的社会性。

②教育的心理起源论

教育的生物起源论和心理起源论从不同角度揭示了教育的起源，但他们的共同缺陷是都否认了教育的社会属性，否认了教育是一种有意识的活动，把动物本能和儿童无意识的模仿同有意识的教育混为一谈，因而都是不正确的。

③教育的劳动起源论

从低等动物到高级生命的进化，从哺乳动物到灵长动物、从猿到人的进化，其中，真正的发展是脑的人脑的进化。在人脑的进化过程中，劳动起着决定性作用。人脑的进化削弱了人的其他器官的发展，人与多数动物相比，是一种"有缺陷的生物"。人的原始特性是他的未特定化，即人的本能的匮乏。我们知道，大多数动物出生后很快就能独立生存，其生存能力是通过遗传获得的，是本能的，而人之初生，赤身裸体，孱弱无力，没有先天赋予的生存装备，因此人的生存装备需要外界赋予，具有人工性，例如抵御寒冷的衣服，对付野兽的武器，等等。人出生十来个月后才能站立，然后蹒跚学步，十多年后才能成熟，并得到生存能力。然而，这种生存的能力并非与生俱来，而是后天由外界赋予的。正是这种人的未特定化产生了对教育的需要性。人的这种很长的成长过程就是通过学习来获得独立生存能力的过程。人只有通过这一过程，才能学会掌握和运用其生存所需的人工性装备。

在劳动的过程中，人学会了直立行走；在劳动的过程中，人产生了语言与思维。人有思想，因而其活动是能动的，具有很强的目的性。人的大脑的充分发育，脑容量的增大，是思想发生的自然物质基础，然而，人的思想也不是先天生成的成熟系统，而是要在后天学习和实践过程中逐步形成的，这也是一个十分漫长的过程。

真正的劳动从制造和使用工具开始，其使人类活动的领域日益扩大、内容更加复杂。共同的劳动要求社会的每个成员学会一定的生产经验；共同的劳动同时要求每个成员必须学会遵守一定的劳动纪律和行为规范。共同劳动中形成的这种生产经验和社会规范不断地积累和沉淀，并外化为社会知识经验。这种知识经验本质上是一代代人共同创造的产物，是一种高度概括的人类生存能力。这种生存能力不能靠种族遗传来完成，教育也就成为完成这一任务的应然诉求。

（2）当代教育

①教育的终身化

终身教育是把教育看成是一个持续不断的过程。学校教育的结束不是学习的终止，每一个社会成员都应在他们的工作中不断追求新的学习以满足不断变化的社会对他们新的需求。因此，终身教育主张教育是一个人从出生到生命终止不断进行的过程。

数百年来，把人生分成两半，前半生用于受教育，后半生用于工作，是毫无科学根据的。接受教育应当是一个人从生到死永不休止的事情，教育应当在每个人需要的时刻以最好的方式提供必要的知识和技能。终身教育思想提出以后，在世界各国引起了广泛的反响，并日益成为各国开展继续教育的理念和依据。终身教育这个词包含了教育所能包含的所有意义，包括了教育的各个方面、各种范围，包括从生命运动一开始到最后结束期间的不断发展。

终身教育的思想提出以后之所以会得到人们的认同，其原因主要是：科学技术的飞速发展迫切要求知识的不断更新；人口增多使求学者渴望通过不同的途径寻求知识的获得；现行学校的种种限制使终身教育成为一个有效的补充形式；发展中国家致力于智力投资、改变人口素质的需求，使终身教育具有广泛的生长土壤；大众传播媒介的飞速发展和人们闲暇时间的增多使终身教育成为可能。

今天，终身教育正在实践中。各种教育的统合性、本身的灵活性、方法的机动性等使终身教育适合了不同年龄、不同条件、不同需要的人，使人们可以在不同的形式下进行学习，因而便成为世界各国普遍倡导的一种教育观念。

②教育的全民化

教育的终身化和教育的全民化是20世纪后半叶出现的两大重要教育思潮。20世纪60年代，科学技术的飞速发展引起生产的不断变革，由此而造成劳动变换、工人的流动，从而使终身教育思想得以提出。这种思想一出现，就受到各国特别是发达国家的重视。教育的目的，就它同就业和经济进展的关系而言，不应培养青年人和成人从事一种特定的、终身不变的职业，而应培养他们有能力在各种专业中尽可能多地流动并永远刺激他们自我学习和培训自己的欲望。现代生产需要全面发展的人，而这种全面发展的人只有不断学习才能做到。这反映了当代先进生产力的要求。

就我国而言，要落实全民教育的理念，应着力于以下几方面的工作：

第一，仍然应该把基础教育放在"重中之重"的地位。我国普及九年义务教育的成效是巨大的，但是其基础还是薄弱的，还有部分地区没有普及九年义务教育，有些地方学生流失严重。因此采取措施，巩固"普九"成果提高"普九"质量是亟待研究解决的主要问题。

第二，应该特别重视农村地区特别是贫困地区的教育。目前，我国农村中小学特别是西部农村中小学的办学条件仍然比较差，广大农村地区、贫困地区的教育需要什么，如何帮助他们解决困难，值得我们去研究。我国要实现现代化，没有农村的现代化是不可想象的。农村教育特别是贫困地区教育存在的问题不能不引起我们的重视。西部开发也应该把基础教育作为最基础的工程。因为西部的开发归根到底要依靠西部人民，依靠西部人的整体素质。

资金可以引进，先进科技也可以引进，甚至于掌握高新科技的人才也能引进，但老百姓的素质能引进吗？显然不能。只有靠教育，首先是基础教育。只有把农村地区、贫困地区的基础教育搞好，才能谈得上满足全民的基本学习需要，才能谈得上实施教育的平等和公正。

第三，要特别关注处境不利人群的教育。这里主要指的是城市中流动人口子女的教育以及障碍儿童的教育。对于流动人口子女的教育，有些城市已经制定了政策，但大多数城市还没有采取有效的措施使他们能够得到受教育的机会。有些地方政府认为户口不在本地的，本地没有经费为之提供教育，这种认识是不对的。外来人口为城市建设做出了贡献，而且也是纳税人，他们的子女有权享有受教育的机会，当地政府有义务给外来人口及其子女提供受教育机会。另外，我国的特殊教育事业还很不发达，对于障碍儿童教育，需要教育部门特别关注。

③教育的民主化

人类社会发展到资本主义以后，伴随社会政治民主化进程的推进，教育上也开始逐步打破为少数人特别是社会统治者垄断、主宰、专制的局面，而是为越来越多的人享受、掌握和利用。

在整个近现代社会里，教育民主化从开始产生到逐步深化，经历了一个历史过程，它是伴随社会政治的改善、民众的觉悟、被统治阶级的不懈斗争而逐渐进步的。

进入当代社会以后，伴随社会民主化进程的加快和社会民主制度的逐渐完善，原本由少数资产阶级经济利益主导的普及教育开始演变成提高全体国民素质的国家行为。特别是由于生产力和科学技术的发展，一些发达国家的普及教育年限逐渐延长，现在许多国家已经走向高等教育大众化的道路。

教育民主化的深化是与教育法制化的形成密切相连的。世界进入18世纪以后，英、法、德等一些发达的资本主义国家开始陆续把义务教育的实施建立在教育立法的基础上。在立法条文要求的范围里，落实义务教育不仅是国家的责任和义务，同时也是每一个社会公民平等享受的权利和义务。在人类教育发展史上，平等受教育的权利和机会只有在教育立法确立之后，才有可能把许多教育先驱为之奋斗的目标和广大社会公民的美好理想真正变成现实。

教育民主化的质量与水平的不断提高。教育民主化是一个历史过程。人类的教育从无民主到有民主，从不民主到比较民主经历了一个漫长的历史发展和进步过程。资本主义兴起之后，教育民主化进程总的发展态势是：从起点的平等，到过程的平等，再到结果的平等；或从外部民主的争取到内部民主的发展。推进和发展的过程比较缓慢，实现的程度不够彻底。这是由资本主义制度决定的。在社会主义制度下，教育民主化的质量和水平特点是：起点、过程、结果平等一以贯之，外部、内部民主协调统一，在教育民主的实现程度上更彻底、更完善，这是经济比我们发达的资本主义国家不能比拟的。

④教育的整合化

科学教育是以传授科学知识、培养科学精神为主的教育。它以发展学生认识与改造物质世界的能力为目的，通过开发人的智力，学习自然科学知识，促进社会物质财富增长和社会发展。科学教育要求学生系统学习科学知识，包括基础学科和各有关的专业科学知识，学习和掌握综合技术和有关的专门技术，进行动手和实践能力训练，培养追求真理、探索、创新、献身科学、为人类造福的科学精神。教育方法遵循科学的认识论路线，理论联系实际，重视理论、观察、实验、操作和社会实践。科学教育的学科表现形态主要为：数学、物理、天文、化学、地理、生物等。

在中国，漫长的古代社会所实行的是以儒学为鲜明特色的人文教育，其中虽不乏自然科学常识性的内容，但所占比例极小，且地位卑微。儒家文化是中国传统文化的主流，它从人的道德属性来诠释人性，通过格物致知掌握统治之术，通过正心、诚意、修身完成道德修养。因此，中国古代的人文教育表现出强烈的伦理教育的色彩。反映在学科内容上，"四书""五经""六艺"一直是封建官学和私学共行的课程。封建的人文教育是与当时低下的生产力和社会上自给自足的自然经济状态相适应的，是与当时统治阶级的需要相吻合的。

西方的人文教育经历了古典人文教育、人文主义教育、新人文主义教育，再到现代新人文主义教育的发展阶段。古典人文教育强调把理智的发展当作教育的最终目的，教育的主要任务是进行理性训练和情感陶冶。人文主义教育是针对中世纪崇尚神性泯灭人性、倡行神学扼制人学而出现的。它为之奋斗的目标是恢复人的社会地位和尊严，强调个性自由和个性发展，主张用古希腊、古罗马的文学艺术陶冶人的心性，启迪人的智慧，对自然科学态度漠然。新人文主义教育的最高原则是发展个体的自由，强调用人类文明的一切成果来陶冶人、教育人。当代新人文主义教育是在当代科学技术给人类社会发展带来的负效应和当代生产造成人的片面发展的背景下出现的，他主张通过科学精神与人文精神的融合、人文教育与科学教育的携手，使社会实现和谐发展，使人获得全面发展。

在科学教育占据了学校教育的主导地位、加速了科学技术的发展并为社会带来巨大财富的同时，人们逐渐发现，片面追求和利用科学技术虽可加速社会生产力的发展与人民生活水平的提高，但同时也带来了严重的负效应：环境污染、资源枯竭、生态失衡、战争灾难、人口危机等等。当人们面对这些科学技术的副产品时，人们不得不对科学教育的问题进行反思。进入20世纪50年代后，科学教育与人文教育的结合变成了西方主要发达国家教育的一个共识和追求，因而也成为当代教育研究的一个共同课题。

（3）教育的概念

教育学研究的对象是教育问题，但教育究竟是什么则是理论界长期争论的焦点。现在，学术界比较倾向的观点是从两个方面界定教育的概念：即广义教育，泛指增进人的知识和技能、影响人们的思想品德的活动；狭义教育则专指学校教育，即教育者根据一定社会（或阶级）的要求，有目的、有计划、有组织地对受教育者的身心施加影响，把他们培养成一定社会（或阶级）所需要的人的活动。

（4）教育的构成要素

从宏观角度看，教育活动由教育主体、教育目标、教育内容、教育手段、教育环境、教育途径六个要素构成；从微观角度看，教育活动由教育者、受教育者、教育内容和教育手段四个要素构成。

①教育者是教育过程中"教"的主体

在教育活动中以教为职责的人是教育者。教育者是指直接对受教育者的素质发展起影响作用的人，包括学校的教师、管理人员、兼职教师、家庭教师、家长。其中学校教师是教育者的主体和代表。

教育者不仅是教育实践活动的一个基本要素，而且是教育实践活动的主体，他把受教育者作为"教"的对象，以教育影响为手段，把引导和促进受教育者身心的发展变化作为活动目的，力求使自己"教"的对象的身心发生合乎社会发展的要求。因此说，教育者作为教育活动中人的因素，是教育实践活动的主体，更确切地说是"教"的主体。其主体性表现在如下几个方面：

第一，教育者是教育活动的设计者、实施者和组织者，对整个教育活动中起领导作用；第二，教育者是学生学习活动的指导者、帮助者和评价矫正者，对整个学习活动起着校正方向、调整内容、激发动力、教给方法的作用；第三，教育者的教育反映着社会的需求和人才规格，控制着整个教育过程的推进，因而教育者教的质量在很大程度上制约着学生的发展质量；第四，教育者的教育活动内容影响着学生学习活动的内容，控制着学生活动的时间和效果，因而在教育活动中居主导地位。

②受教育者是教育过程中"学"的主体

在教育过程中以学为职责的人被称为受教育者。广义的教育中，所有为提高自身素质而处于学习状态的人都是受教育者；在狭义的教育中，受教育者特指教师"教"的对象——学生。受教育者在教育过程中既是受教育的对象，又是学习的主体。

受教育者在教育过程中是受教育的对象：第一，在教育过程中，受教育者首先是一个求知的个体，他们从无知到有知，从知之不多到较多，都需要求诉于教育。他们在教师的引导下，可以逐渐认识客观自然和人类自己，可以逐渐使他们的认识由个体的认识水平过渡到人类总体的认识水平。第二，受教育者也是一个不成熟的个体，在教师的教育下，受教育者逐渐获得品德的完善和行为的养成，逐渐由个体的生物人向本质上的社会人的转变。第三，受教育者也是一个缺乏技能的个体，只有在教师的培养训练下，受教育者才能逐渐掌握各种生产和生活的技能，实现由消费的个体向生产的社会成员转变。

受教育者同时也是学习的主体：第一，受教育者作为一个独立的个体的人，他们有自己的主动性、选择性、需要性和意志性，他们可以依靠自己的独立思考主导自己的行为；第二，受教育者在学习人类优秀文化遗产的同时，除了继承、吸取以外，还有重组、创新、开拓的能力；第三，受教育者在学习过程中，不但受智力因素的制约，也受非智力因素的影响。这两种因素都制约着受教育者教育活动的进行速度、效益和质量。

③教育内容是师生共同认识的客体

教育内容是基于一定社会的生产力和科学文化技术发展水平之上，学校向学生传授的知识和技能，灌输的思想和观点，培养的习惯和行为的总和，教育内容在学校中的具体表现形式是课程计划、教学大纲和教科书。

第一，教育内容是联系教育者和受教育者的中介。教育活动的基本矛盾是一定社会所提出的教育要求同受教育者身心发展现有水平的差距，它是教育活动得以存在和进行的内在基础，第二，最佳的教育内容是目的性与对象性的统一。教育内容作为联系教育者和受教育者的中介，能否消除教育过程的基本矛盾，关键在于教育内容本身选编的科学性。

④教育手段是教育活动的基本条件

教育手段是指教育者将教育内容作用于受教育者所借助的各种形式与条件的总和，它包括物质手段、精神手段等。物质手段主要是进行教育时所需要的一切物质条件，可分为教育的活动场所与设施、教育媒体及教育辅助手段三大类。教育的活动场所与设施在学校中主要指校舍、教室、操场、实验室、校办工厂、农场等的数量与内部的设备装置。教育媒体是教育活动中两类主体（教育者与受教育者）之间传递信息的工具。由此可见，教育媒体是教育内容的载体，也是教育中其他信息的载体。然而，同样的教育内容，可使用不同的媒体。随着媒体的不同，教育的组织形式、方法、效果等都会发生变化。教育媒体具有多种形式，从最简单的实物、口头语言到图片、书面印刷物、录音磁带、录像带、电影、电视、计算机程序等。它们的形式是随着人类科学技术的发展，教育活动的日趋普及化、个别化而越来越丰富多彩和综合化。精神手段包括教育方法、教育途径。教育方法包括教育者的教法和受教育者的学法两个方面。就教育者的学法而言有发现式和接受式两大类。

教育者、受教育者、教育内容、教育手段四要素是展开教育活动必不可少的。并且在活动中相互作用、相互联系、相互影响。在教育活动中，当四要素都具备的情况下，主体因素是教育活动成效大小的决定因素。而要充分发挥主体的作用，关键是要处理好主客体的内部关系。对教育者来说，他要研究认识三个客体：学生、教育内容和教育手段。教育者的任务是将既定的教育内容通过一定的手段传授给学生。对受教育者来说，他认识的客体是教育内容，他的任务是在教师的指导下通过一定的手段学习和掌握既定的内容，也就是将外在的客体转化为内在主体的东西。

（5）教育的本质

教育的本质是很困难的，要弄清教育究竟是什么，有必要了解教育本质问题讨论的背景及其观点，厘清其特征及表现形式。

①关于教育本质问题的不同观点

"教育是什么"一直是人们关注和争论的话题，从上层建筑说到生产力说，再到培养人的社会实践说，一直到今天，教育的产业化、教育的民主化等问题又为这一争论增添了新的内容。

第一，上层建筑说。教育是社会的上层建筑。教育是通过培养人为政治经济服务的一种社会的上层建筑。也有论者专门论述了作为上层建筑的教育的特点。二是尽管任何事物都有多种多样的属性，但这多种多样的属性之和，并不就是一事物的本质属性。教育目的和方针政策是统治阶级根本利益在教育上的集中反映。居于教育体系中核心地位的教育目的，对教育的内容、方法和形式都起着制约作用。教育中也有非上层建筑的因素，如自然科学的内容、教育制度中的入学年龄、儿童的身心发展规律等等。但是，教育中不属于上层建筑的部分是次要的，并不妨碍做出教育是上层建筑的结论。

第二，生产力说。持"生产力说"的论者的立论依据主要可概括为以下几点：一是教育变为直接生产力的过程就是教育本身，就是培养作为生产力中最重要的要素的人。教育作用于人，教育的产品就是教育者的劳动转化为受教育者的智慧、才能、品德、性格，经过这一转化，人就成为生产力的一个要素，而教育也就成为直接的生产力。二是社会生产力包括物的和人的两个方面，人的方面就是指劳动者。而从知识、技能来看，劳动者生产能力的提高离不开教育。三是教育是将知识形态的生产力转化为直接生产力的途径。要把科学这种知识形态的生产力转化为直接的生产力，有两条基本途径：一是通过物化在生产资料、技术上，从而构成生产力的要素；二是通过教育，使劳动者接受科学，把科学智化于劳动力的主体之中。这两条途径，都有赖于教育的直接或间接的作用。可见，作为实践的教育是将知识形态的生产力转化为直接生产力的基本途径。还有论者先提出比"教育"外延要小的"现代教育"这一概念，然后提出"现代教育是现代生产力的新因素"的命题。

作为对"上层建筑说"的挑战而提出的"生产力说"，本身也受到了批判。教育学界的论者主要是从以下方面对"生产力说"提出反驳的：如同不能把全部教育看作上层建筑，我们也不能笼统地说教育是生产力；持"生产力说"者乐道的自然科学、技术知识，其本身是没有阶级性的；但是，不是任何阶级在任何时候对科学技术所采取的态度都是一样的；唯其如此，传授科学技术的教育，也是属于意识形态范畴的一种活动；尽管学校教育是培养人的活动，但学校教育不单是培养劳动力、科技人员、生产管理人员等从事物质生产的人员，因而不能不加分析地把教育归属于生产力。

第三，特殊范畴说。有的论者就提出教育既不属于上层建筑，又不属于经济基础，更不属于生产力，教育像语言一样，是一种"特殊范畴"。由于当时论者的关注点尚在"上层建筑说"与"生产力说"的论争上，所以这一观点没有引起应有的关注。随着论争的深入，论者发现"上层建筑说"和"生产力说"都有悖论，于是，在反思论争的方法论时，又有论者提出"教育不能从属于生产力"，"教育也不可能归属到上层建筑中去"，"教育是独特的社会现象"。正如有些论者所概述的，如果"特殊范畴说"能"得到科学的证明，也许将导致哲学上关于社会结构理论的新突破"。但迄今尚未见到对"特殊范畴说"做更加深入的阐发。

第四，多重属性说。在"上层建筑说"和"生产力说"悖论叠起、受到抨击的情况下，有些论者倾向于持折中的"多重属性说"。

"多重属性说"又可分为两种：第一种观点认为，教育具有生产力和上层建筑的双重性质。这实际上是一种比"教育基本上是上层建筑"更带折中性的观点，在理论上可能是软弱的。第二种观点认为，教育的本质是它的社会性、阶级性、生产性、艺术性和科学性等各种属性的统一；教育的本质，不是永恒不变的，随着社会的发展，也在不断增殖和更新它的质态，形成教育的多质的、多层次的、多水平的本质属性。

第二种观点本身又是第一种观点的悖论，如有的论者所说的："不能把教育分成两截，一半是上层建筑，一半是生产。"但是，第二种观点也受到了评判。有的论者认为：一事物的本质属性，应是单一的、确定的，而不是综合的、含混的；本质是巩固的、保存的，不能从演变的角度推论出教育本质的多质性。不过，探讨教育的本质属性和本质，需要坚持历史唯物主义，需要考察各种社会形态中的教育，舍弃教育非决定性的特有的特性、特征，抽象和概括出教育决定性的特有的特性、特征，即撇开教育的非本质属性，抽象和概括出教育的本质属性。

第五，实践活动说。"实践活动说"的各种观点，一般是以"教育是……实践活动"的命题形式出现的，所探讨的实际上是教育的职能。"实践说"阵营里的观点主要有：

其一是教育是促进个体社会化的过程。持这种观点的论者一般是从知识、经验的传递入手，认为教育即促进个体社会化的过程。然而有的论者提出阶级意识、民族意识、小伙伴团体、社会风气和风俗对人的影响是不容忽视的，所以促进个体社会化决非教育的本质属性实际上，这里涉及的是对教育的"理解"的问题，如果是像卢梭、裴斯泰洛齐认为的"教育是发展"，像斯宾塞认为的"教育是生活的预备"，像杜威认为的"教育是生产"等的意义上的教育，那么，论者的观点是正确的；如果是现在通行的《教育学》教科书意义上的教育，强调"有目的"和"有计划"，那么，驳论者的观点是正确的。概念不同一的问题，在"实践说"的其他具体观点上也经常存在。

其二是社会需要和人的发展的矛盾，是教育的基本矛盾，是教育所以为教育的根据，教育是根据一定社会的需要而进行的培养人的活动。有的论者提出驳论，认为"培养"和"教育"常用作通用语，这种定义无疑是同义反复；"一定社会需要也不甚确切，因为教育是所有社会的共同需要"。驳论者所提出的第一点是有说服力的。但就第二点而言，论者的"需要"，是指特定历史阶段对教育所提出的具体要求；而驳论者的"需要"，是指教育这样一种社会活动为任何社会所必需。"需要"这一概念，在它们之间并不同一。

其三是人们通过教育实践，把柔弱无知的婴儿培养成为能够担负一定社会职责的成人，所以，教育就是人类自身的生产实践。接着便有几位论者对此做有力的反驳，他们认为，该论者曲解了恩格斯的"人的生产"的含义，其理论基础薄弱；"人类自身的生产"，并不是教育区别于其他实践的标志，教育是人的生产，但人的生产并不完全是教育。

其四是有的论者提出，教育是属于实践的范畴，但它又区别于其他实践，教育是"人类加速自身建构与改造"的实践活动。从我们迄今所接触的材料看，还未有论者对此提出疑义。可是，如果有人问："难道人类加速自身建构与改造的社会实践活动只有教育"这一问题，原论者又将如何以答，就费揣酌了。

总之，"实践活动说"不再依据社会结构理论在教育的属性上兜圈子，而是想通过"教育是……的实践活动"的命题，揭示教育最基本的职能，从而揭示教育之所以为教育的根本规定性。

这场关于教育本质问题的讨论，虽然没有形成统一的观点，但在理论和实践方面具有重大意义。理论上，为中国的本土教育学奠定了基础；实践上，为将教育列为优先发展的战略奠定了思想基础。

②教育的本质特性

本质特性即反映事物规律的稳定的、普遍的特性。教育的本质特性，即贯穿于一切教育之中，从古至今乃至未来，只要教育活动存在就永远起作用的特性。从以上论述，教育具备如下几方面的特征：

1）教育是人类社会特有的一种社会现象

生物起源论者认为，人类教育发源于动物界中各类动物的生存本能活动。这种观点完全否认了人与动物的区别，否认了教育的社会性。尽管在动物界，尤其是高等动物界的代与代之间虽也存在着类似于人类的"教育"和"教"与"学"现象，但这两种表面类似的现象在本质上是不同的。首先，所谓动物的"教育"和"教学"完全是一种基于生存本能的自发行为，而不是后天的习得行为。其次，动物没有语言，不具备将个体经验积累起来向他人传递的能力。第三，所谓动物教育的结果无非是小动物适应环境，维持生命，并独立生存，而人类教育的结果远远不止于此。

2）教育是人类特有的一种有意识的活动

人能通过抽象的理性思维反映事物的本质和规律。人类教育中无论是生产经验的传授，还是社会行为规范的教导，都不是产生于人的本能需要，而是人们意识到的社会需要，在明确意识的驱动下产生的有目的行为。

3）教育是人类社会特有的传递经验的形式

从低等动物到高级生命的进化，从哺乳动物到灵长动物、从猿到人的进化，其中，真正的发展是脑的人脑的进化。在人脑的进化过程中，劳动起着决定性作用。

4）教育是有意识的以影响人的身心发展为目标的社会活动

教育活动是有意识地以人为直接对象的社会活动，它不同于其他以物质产品或精神产品的生产为直接对象的社会生产活动。教育与其他有意识的以人为直接对象的活动还有区别，教育是以对人的身心发展产生影响为直接目标的。这样就把教育活动和以保护人的身心健康、抵御疾病对人的身心危害的医疗活动，以及以满足人的各种需要为目标的社会服务活动区别开来了。

（6）教育的基本形态

教育形态即教育这一社会现象存在的形式和状态。世界上任何事物都有一定的存在形式和状态，教育也不例外，它也有一定的形态。教育发展到当代，已由初始的观察模仿、口耳相传，到后来学校教育的产生，再到近现代社会的多层次与多类别，从而形成了一个纵横交叉的庞杂体系。不过，尽管其层次、种类繁多，但从其存在形态上看，不外是家庭教育、社会教育和学校教育三种基本形态。这三种形态构成了教育的总体，从不同的时间、渠道，以不同的形式对人的发展和社会发展起着不同的作用。

①家庭教育

家庭教育的含义：家庭教育是指在家庭内由父母或其年长者对新生一代和其他家庭成员所进行的有目的、有意识的教育。家庭教育从其含义上讲也有广义和狭义之分。广义的家庭教育，主要是指一个人在一生中接受的来自家庭其他成员的有目的、有意识的影响作用。狭义的家庭教育则是指一个人从出生到成年之前，由父母或其他家庭长者对其所施加的有意识的教育。

家庭教育的意义：人的成长要经历三级台阶：家庭、学校与社会。家庭是人成长的第一级台阶，家庭教育对人的影响意义重大。首先，人一出生接触的第一个环境是家庭，第一位老师是父母。孩子都是在双亲直接影响下长大的，他们都是首先通过家庭和父母来认识世界，了解人与人的关系。家长的言行对孩子具有潜移默化的作用。家庭教育对儿童成长具有奠基作用，对人的社会化有着十分重要的意义。其次，家庭教育也是学校教育的重要补充。家庭教育不仅在儿童入学以前，即使儿童进入学校之后，也有重要的意义。由于家长的权威性，家庭教育对学校教育和社会教育都有积极或消极的作用。家庭教育与学校教育一致，儿童社会化发展就会顺利，家庭教育与学校教育矛盾，就会极大地减弱学校教育的影响力。因此，家庭教育的意义不仅对婴幼儿学前期，在青少年成长期，其作用同样不可低估。家庭教育应是学校教育的重要补充。再次，家庭教育更能适应个体发展。幼儿园、学校教育都是面向全体学生，是集体化的教育。尽管学校教育也强调了解每个学生特点，因材施教，但在这方面总不及家庭父母对自己孩子的了解。家庭教育具有个别性特点，使教育更有针对性，更有利于因材施教。

家庭教育的特点：第一，家庭教育的先导性。一个人最早接受的教育是家庭教育，父母是子女的第一任老师。家庭的生活环境和父母的言行举止，从小就对孩子产生深远影响。儿童正是从这些家庭教育因素中学会了用头脑思考和用语言交流，懂得区分是非美丑，辨别善恶荣辱，形成最初的道德观念和行为习惯的。儿童所接受的这些教育影响，就成为以后发展的重要基础和出发点。儿童在家庭接受的初步教育，对后来的学校教育、社会教育具有先导作用。第二，家庭教育的感染性。感染性是情感的一个重要特点，是指一个人的喜怒哀乐等情感，能引起别人产生同样的或与之相联系的情感。它像无声的语言，对人起着感化的作用，它是一种潜移默化的教育力量，在教育中有着特殊的意义。由于父母子女之间存在着天然的血缘关系，彼此心心相通，情感的感染性就显得更为强烈。家长的好恶取舍，常常决定着子女的行为举止。在家庭教育中，父母对子女的这种情感上的感染作用，有时是说服力很强的言语说教都难以代替的。第三，家庭教育的权威性。权威是一种社会关系，它以意志服从为特征，权威不仅对一个国家或集团的正常运转起着重要的作用，而且它对良好的教育效果的取得，更起着不容忽视的作用。在家庭教育中，家长在子女心目中的权威性，是家长有效地教育和影响子女的重要前提，而且与学校教育、社会教育相比，家庭教育具有更大的权威性。这是因为父母是子女的天然尊长，血缘上的亲密关系和经济上的依赖性使子女对父母有着特殊的依恋和依赖感。再加上父母因其自身努力工作而被社会的承认与尊重，丰富的阅历和经验，成熟的思想意识等，这一切都使得家长在子女心目中树立起高大、权威的形象，使子女养成了对父母尊崇和信任的心理。第四，家庭教育的针对性。鲜明的针对性，是家庭教育的又一大特色。俗话说："知子莫如父。"这话不无道理。孩子从一生下来，就首先进入家庭生活，同父母形影不离、朝夕相处，同父母接触的机会最多、相处的时间最长，因此只有父母能够全面细致地了解自己的孩子。同时，又由于孩子对父母的信任感和安全感，孩子所表现出的个性非常真实，所以家长能深刻地了解孩子。这样就使家庭教育比较容易地做到从实际出发，对症下药，有的放矢，因人而异，因材施教，从而进行有针对性的教育。教育中不仅问题抓得准，抓得及时，教育方式、方法选择得当，教育内容也适宜，体现出很大的灵活性，充满了家庭的个性色彩。第五，家庭教育的终身性。在人的一生中，享受最长的教育就是家庭教育，家庭教育具有终身性。而学校教育和社会教育无论时间长短，都只是一种阶段性和间断性的教育。家庭教育则不然，它不仅使人在未成年时获益匪浅，而且在他长大成人、成家立业以后，由于父母与子女之间所具有的血缘关系，家庭教育依然在发生作用，父母永远是子女的"老师"。家庭教育的这种终身特点，有利于家长对孩子进行长期的、连续的观察和教育，有利于孩子形成比较稳定的人格特征。

②社会教育

社会教育含义：社会教育的基本含义有广义和狭义之分。广义的社会教育，是指旨在有意识地培养人、有益于人的身心发展的各种社会活动。狭义的社会教育，是指学校和家庭以外的社会文化机构以及有关的社会团体或组织，对社会成员所进行的教育。广义的社会教育和我们所说的广义的教育在含义上几乎无异。事实上，教育史上最早的教育职能就是通过社会教育来实现的。在原始社会，家庭尚未形成之前，年青一代的教育是在全氏族成员的共同劳动中，在日常社会生活中，由氏族公社的成员通过互相的言传身教，或由有经验的年长者向年青一代传授一些简单的生产和生活的经验的方式进行的。以后随着家庭及家庭教育的出现，直至学校教育的产生，广义的社会教育开始逐步地分化为三种独立的教育形态，即学校教育、家庭教育和狭义的社会教育。

社会教育的作用：第一，社会教育直接面向全社会，又以社会政治经济为背景，它比学校教育、家庭教育具有更广阔的活动余地，影响面更广泛，更能有效地对整个社会产生积极作用。第二，社会教育不仅面对学校，面对青少年，更面对社会的成人劳动者。这不仅可以弥补学校教育的不足，满足成年人学习的要求，有效促进经济发展，还可以通过政治、道德教育，促进社会安定与进步。第三，社会教育形式灵活多样，没有制度化教育的严格约束性。它很少受阶级、地位、年龄限制，能很好体现教育的民主性。第四，现代人的成长已不完全局限于学校，必须同社会实践相结合，通过社会教育更有利于人的社会化。

③学校教育

学校教育的含义：学校教育是指通过专门的教育机构对受教育者所进行的一种有目的、有计划、有组织、有系统地传授知识、技能，培养思想品德，发展智力和体力的教育活动。学校教育作为教育的一种特殊形式，是由专门的机构——学校和专职人员——教师来实施的。从教育发展的历史来看，它产生在社会教育、家庭教育之后，是教育发展的高级形态。尽管在其发展过程中由于不同社会，不同国家经济、政治、文化等的多种影响，出现过兴衰变换，然而它却始终同社会教育、家庭教育并行发展着，并且其规模之大、速度之快、结构之复杂、体系之严整，都是社会教育、家庭教育所无法比拟的。这是因为学校教育在培养一定社会所需要的人方面，对于促进社会生产力的发展、维护和稳固一定社会的政治经济制度等方面所起的作用，以及在满足人们自身发展的需要方面，较之其他教育形态有更高的效率。所以，学校教育在整个教育体系中一直居于主导地位。

2. 教育的个体功能

教育的对象是人，教育的成败优劣主要体现在人才培养的质量水平上，个体功能可以说是教育最本体性的功能。只有实现了教育的个体功能，教育的社会功能才能得以充分发挥。认识和把握教育的个体功能，必须首先了解人的发展的相关理论，知晓人的发展的规律及其对教育的制约，然后才能深刻阐明教育所具有的诸种个体性功能。

（1）教育功能概述

教育作为一种培养人的社会实践活动，有其独特的内部结构，决定了教育具有多种功能。从"结构—功能"分析的视角探寻教育所具有的功能，对于教育目的的达成和教育价值的实现，有着极为重要的作用。教育功能研究不论是对教育理论本身的建构而言，还是对教育实践的有效推进来说，都是一个具有重大意义的课题。

①教育功能的概念

认识教育功能，首先必须清楚什么是功能。关于功能的含义，存在着不同的认识和理解。《新华字典》对功能的解释有二：一是指事物或方法所发挥的有利的作用；二是指效能。从哲学的角度来考察，功能主要是指某一系统所具备的对周围其他事物发生作用的能力或根本属性，它是物质存在的一个最重要的特性。由于不同质的物质形态具有不相同的物质性能，这就使不同的性能成为不同物质形态相区别的一个标志。物质形态上升发展的一个重要方面，就是物质性能的不断高级化。物质形态的进化说到底，其实就是活动功能即性能的进化，也就是与环境的作用方式的进化。而相互作用方式的发展则是物质形态发展的根本标志，否则物质形态就无所谓发展。功能虽然是事物所固有的，但它必须在与其他事物的相互联系与相互作用中才能表现出来，因而相互联系与相互作用也就成为事物功能的表现方式。离开了与其他事物发生联系的这种方式，事物功能的存在也就无法确定。

教育是培养人的社会实践活动。这一本质决定了教育既是一个相对独立的系统，又是一个复杂开放的系统，教育功能在系统内部表现为教育对个体发展的影响和作用，在整个社会系统中表现为教育对社会发展的影响作用。所谓教育功能，是指人类教育活动和教育系统对个体发展和社会发展产生的作用与影响，它要回答的是"教育究竟能够干什么"的问题。

作为一个独立的系统，教育表现为一种活动，教育活动是由教育者、受教育者、教育内容和教育手段等要素构成的。这些要素之间的相互作用构成了教育活动的内部结构。教育内部结构的运行，是教育者借助教育手段，以教育内容作用于受教育者，其结果是影响受教育者的身心发展，因而教育的内部功能就表现为对受教育者发展所起的作用。教育在微观上表现为一种活动，在宏观上表现为社会的一个子系统，与政治、经济、文化、人口等其他系统共同构成完整的社会结构。社会是由生产力和生产关系的矛盾运动所推进的，教育通过对生产力及生产关系的作用，表现出影响社会发展的特定功能。

②教育功能与教育价值

教育功能和教育价值并不是一回事。在有的教育学论著中，教育功能被称之为教育效能、教育功效、教育作用、教育价值。孙喜亭认为，通俗地讲，教育价值就是教育的功效。傅维利认为，教育的功能就是教育在人与自然、人与人相互作用的过程中所表现出的价值。各种说法不一而足。虽然二者在实践意义上对社会和个体的促进与发展作用表现出很高的一致性，但如果深入而详细地加以剖析，二者之间仍然存在一定差别，因而将教育功能简单等同于教育价值的说法是比较片面的。

从概念和内涵上来看，功能是事物本身固有的属性，而价值则表示事物与主体之间的关系。因此，可以从这一角度明显地区分教育价值和教育功能，不能把二者等同起来。教育某种功能的实现并不代表其某种价值的实现。教育本身是一把双刃剑，教育功能的发挥不等于教育价值的实现。教育有对个体和社会的促进与选拔的功能，但教育功能并不总是正向的。从促进社会发展的角度来讲，教育通过对社会的政治、经济和文化等各个领域的影响而体现其对社会的促进作用，但在促进社会和个体发展的过程中，也存在着一些局限性。因此，可以从这个角度对教育功能进行分类，即正向的教育功能、负向的教育功能、正负双向的教育功能。持教育负向功能观者，他们考察了历史上的教育变革，认为那不过是统治阶级为维护和再生产资本主义制度，而对劳动人民实行的社会控制手段。而教育的价值是教育的有用性或效用，作为价值意义的有用性，以一定的利益和需要为根据，既然教育功能有可能产生"负"的功能，则是消极的，就不能实现教育的有用性的价值。因此，有学者认为，教育功能是消极的、自在的，而教育价值体现出明确的目的性，是积极的、自为的；教育功能是中性的，教育价值则是褒义的。

教育价值是否实现，要看其促进人类社会的发展和进步的正向功能是否得到了充分的发挥，因此，我们要以历史唯物主义和辩证唯物主义的观点，从人类历史发展的长河中去把握，而不能只局限于某一历史阶段。因为在社会实践发展过程中，教育功能和教育价值的脱节现象在教育实践中是较为常见的，如某些不当的教育方法、失误的教育政策法规等。教育价值体现着主客体的一种关系属性，教育价值的主体根据其主体需要和利益，进行主观的选择和评价，对教育系统的存在与发展、对其呈现的意义进行追求。教育是有意识、有目的的活动，价值也指向人的活动目的，人们总是根据自己的实际需要来确定自身行动的目的。

③教育功能的类型

1）依据教育的作用对象可分为个体功能与社会功能

教育作为一个相对独立的系统，是一种培养人的社会实践活动。促进人的全面发展是教育的根本目的和价值追求，这种理想追求在教育实践中运行的实际表现，构成了教育的个体功能。教育的个体功能是由教育活动的内部结构，如师资水平、课程设置及内容新旧、教育物质手段的现代化水平及其运用决定的。同时，教育的外部环境，如当代社会的和平、稳定与繁荣，也成为影响个体发展的重要因素，为个体的发展提供了有利的支撑。教育的个体功能是在教育活动内部发生的，因而也称为教育的本体性功能。

教育作为社会大系统之下的一个子系统，是通过培养人进而影响社会的存在和发展的，表现出其所具有的社会功能。教育的社会功能是教育的本体功能在社会结构中的衍生，是教育的派生功能，也称教育的工具功能。教育对社会的作用不是无限的，而要受社会结构、社会发展规律和社会性质所制约。教育在不同的社会表现出不同方向和重点的社会功能。如在古代社会，教育的社会功能主要是政治功能，也就是为了维护统治阶级的既有利益；而在现代社会，教育的社会功能的重点转向经济功能，也就是为了更好地促进劳动者素质的提升和劳动生产率的提高。

2）依据教育的本质可分为基本功能与衍生功能

教育的基本功能是指在教育功能体系中最基本的、最能反映教育活动本质关系的功能。这种功能以教育本质为判别依据，它始终发挥着教育本质活动规定的"对人的影响"作用。教育的本质是培养人的活动，它的功能活动形式的出发点是培养人，"基础性""恒定性"是其基本特征。教育功能对年青一代的身心发展而言，首先是"基础性"的生存性的功能，即为个体生存与发展打基础。"恒定性"则是指教育功能对象始终是人，教育是对人的教育。尽管每个历史时期教育功能的实现条件和形成结果各异，但其培养人的基本功能从未丧失。教育对个体来讲，除了发展其心智、能力、意向、情感、体质、完善其人格外，还可以通过一系列教育教学活动实现个体的某种需要和精神愿望，并尽可能地让个体在整个教育教学活动中体验到满足、快乐和幸福，领悟到生命的价值和人生的意义，使个体最终成为全面发展的人。

3）依据教育作用的呈现形式可分为显性功能和隐性功能

所谓显性功能，是指主观目标与客观结果相符的情况；而隐性功能则与显性功能相对，指这种结果既非事先筹划，亦未被觉察到。显性功能是有目的实现的功能，而隐性功能则是主观愿望之外的意外结果。

教育功能也分为显性和隐性之分。教育的显性功能是指依照教育目的，教育在实际运行中所出现的与之相符合的结果，如促进人的全面和谐发展、促进社会的进步等。隐性教育功能则是指伴随显性教育功能所出现的非预期的功能，如教育复制了现有的社会关系、再现了社会的不平等、学校照管儿童的功能等。当然，显性功能与隐性功能的区分是相对的，一旦隐性的潜在功能被有意识地开发和利用，它有时就会很容易地转化为显性功能。

（2）人的发展

教育活动的对象是人，它面对的是受教育者个体。受教育者个体是以活生生的生命形态存在的，是以自身的发展状态来表征的。因此，教育学对人的发展的认识和考察，主要是从受教育者个体发展的角度进行的。

关于人的发展，不同的学科有着不同的解读。从哲学上看，发展是事物的普遍属性，是一个连续不断地由低级到高级的运动变化过程，在这个过程中既有量的积累，又有质的飞跃。人的发展是人的哲学的最高范畴，作为主体的人的发展，从根本上说就是人的主体能力的发展。从社会学上看，人的发展是指个体的社会化过程，即个体从生物学意义上的"自然人""生物人"逐步成长为"社会人"的过程。从心理学上看，人的发展主要是指人的心理发展，即人从出生到生命终结所发生的积极的心理变化。而从教育学上看，人的发展则是指个体从生命开始到生命结束人生全程中生理、心理及其身心整体所发生的一系列变化，是把个体发展的潜在力量变成现实个性的过程。发展在方向上既有积极的、正向的生长，也有消极的、负向的衰退；在形式上，既有自觉、自为的发展，也有自发、强制的变化。在个体生命发展的历程中，发展不仅有量的增加，而且有质的变化。量积累到一定程度就会发生质变，从而使个体的发展进入到一个崭新的阶段。研究人的发展就是研究个体一生中在生理、认知和社会心理等方面的变化、各种变化发生的机制以及它们对个体生活的影响。

人的发展包括生理的发展和心理的发展两个辩证统一的方面。所谓生理发展，是指机体的生理结构与机能的发展，即个体的生物学发展过程。从广义上说，个体的生理发展指的是个体从产生到死亡这一过程；从狭义上看，个体的生理发展指的则是个体从出生到发育成人的成长过程。无论是广义的生理发展还是狭义的生理发展，都是人类的种属特性在个体身上的发展表现。个体生理的发展过程，是人类个体固有的生物因素本身的演化过程。这一演化的实质就是"遗传型"的发展潜能转化为"表现型"的现实状态。个体的生理发展是人类个体的生理自我调节系统的发展，是一个积极的、有次序的变化过程，主要受生理学规律的支配和调节。所谓心理发展，则是指个体在出生到死亡这一过程中，其心理机能及其特性的变化。心理的发展是在主体与客体的相互作用过程中，建立起新的心理结构的过程。主客体的相互作用是个体心理发展的基础。只有主体或只有客体都不会产生心理发展。主客体都存在但不相互作用也不会产生心理发展。心理发展就是主体在反映客观事物的过程中，不断建构起新的心理结构的过程。心理的发展依赖于主体对客体的反映，但主体对来自客体的信息的接收和内化并不是一个"物对物"的过程，也不是一个简单的、直观的"镜子"似的反映过程，而是一种能动的、积极的反映过程。心理发展过程就是个体的心理结构不断建构并得以提高完善的过程。

①人是教育的对象

人是教育的对象，这是一个毋庸置疑的命题。从人类教育发展史上来看，很多教育家的教育学说也都是建立在对这一命题的承认和重视基础上不断发展起来的。人是教育的对象，一方面说明了人接受教育的必要性，同时也表明了人接受教育的可能性。

1）人接受教育的必要性

从社会对人的要求和人类自身发展的角度出发，人类的教育都是必需的。一个自然人要想成长为一个社会人，就必须适应社会的各种规则，与亲朋好友相处，学习一技之长以谋生等，这些都始终离不开各种形式的教育。

首先，人的社会化需要教育。这一点主要是从人的未完成性和社会要求成熟性之间的矛盾出发，即人要从自然人发展到社会人，必须经过从未完成性过渡到成熟性这样一个过程。任何人一出生都是一无所知的婴儿，一切都从零开始，学习生存，学习语言，学习行为习惯，学习如何与人相处等，要成为一个正常的人就必须适应所在社会的一定规范和风俗。如何达到这一结果呢？就必须接受各种不同类型的教育，从家庭开始，经过不同阶段的教育，沿袭和传承文明、文化，获得一定的生活经验和知识，形成各种思想意识和行为习惯。这是人适应社会必须具备的，也是社会群体对个体的要求。社会需要成熟的个体来组成整体，各行各业也需要成熟的个体进行科学文化和文明的传承，共同推动人类社会的发展。这一矛盾深刻地反映出人类必须接受教育的问题，这也是人类与动物的重要区别之一。教育与人的发展密切相关，让孩子能够依照本性自然地成长是一个美好的出发点和主观愿望，但是要成为正常的社会人，就必须具有较强的社会适应性，能够承担社会责任，要达到这些就离不开教育。我国古代教育家董仲舒就曾说过："常玉不琢，不成文章；君子不学，不成其德。"这也深刻地指出了"人是教育的结果"这样一个道理。

其次，人的自身发展需要教育。捷克教育家夸美纽斯曾指出，"人是可教的动物"，"假如要形成一个人，就必须由教育去形成"，"只有受过恰当教育之后，人才能成为一个人"。德国哲学家康德首次把教育学列为大学开设的课程，他所讲授的教育学，其论点也是"人只有通过教育才能成为一个人，人是教育的产物"。兰格维尔则提出：人是可以教育的动物，是能教育而且需要教育的生物。他指出，人是教育的、受教育的和需要教育的生物，这一点本身就是人的形象的最基本标志之一。我们认为，人天生就是一种文化生物，生来就是一种"有缺陷的生物"，其生物装备相对于动物来说是有很大的弱点的，因此只能在人工创造的环境中，在某种文化中，才有生活能力。有文化，就离不开教育的形式。一定社会的文化需要传递给"有缺陷的新出生的人"，以弥补他现存的不足，这是人必须接受教育的基础。人成了不断求新的生物，成了虽不完美，但因此而能不断观察、学习和模仿，使自己完美起来的生物。

2）人接受教育的可能性

首先，从人的生理结构上看，人类具有可教性的基础。人类是动物界进化的最高产物。一方面，人脑在进化过程中由于神经大量增多，不仅脑的重量超过大多数动物，而且脑重量与体重的比值，也超过了其他动物。而且，猴类大脑在出生时与成熟期的重量比为1：2，即在后天要成长二分之一，因此可迅速达到成熟；而人类大脑在人类出生时与成熟期的重量比为1：3，即在后天成长三分之二。这充分说明人需要经历较长的发展过程，清楚地表明了人类的可塑性优越于其他动物，从而为教育提供了生理学的前提。另一方面，人脑功能具有巨大的可塑性。人类"幼稚"的大脑在后天能生长三分之二的事实说明，它不但具有良好的结构可塑性，而且具有良好的功能可塑性，丰富的后天生活环境为可能转化为现实提供了机会，使结构可塑性与功能可塑性实现了统一。因为无论如何，后天外界丰富的刺激因素是先天母体环境无法相比的，具体表现在：胎儿在母体中只能够接受不完全的听觉刺激和触觉刺激，而生活在外界的婴儿却能运用视觉、听觉、触觉和动觉等方式感受外界环境的刺激。单从婴儿获得胎儿所不能有的视觉看，就足以让婴儿的可塑性获得发展，人类所获得的信息中有83%是通过视觉获得的。后天给予了人类功能可塑性的重要条件。

其次，从人的生理功能上看，人类也具有可教的基础。一方面，人脑功能具有复杂性。大脑可划分为52个功能区，而运用核磁共振、电子扫描等技术研究表明，人类进行语言活动时，大脑的兴奋区除了上述有关特定功能区外，还有广泛的皮质区域。这说明人类的各种外在活动，不但有其专门的大脑中枢调控，而且还有相关皮质区域参与，由此形成了内外刺激与人类反映之间的复杂关系，反映了人类脑功能的复杂性。另一方面，人类的大脑功能具有特殊性。人类不仅具有与动物类似的对具体事物刺激下发生反应的第一信号系统，而且具有动物所不具备的第二信号系统，即对语言、文字等抽象符号发生反应的能力。现代脑科学证实了人类这些对抽象符号发生反应的语言中枢的存在：说话中枢使得人类能够运用口头语言来传递自己的意愿；书写中枢使得人类能够运用文字符号来表达自己的思想；阅读中枢使得人类能够在视觉中枢基础上理解文字符号的意义；听觉中枢使得人类能够懂得外界符号的意义。正因为人类独具第二信号系统，使其与动物相比不仅能够看见听见信号，而且能够看懂听懂信号。此外，人类口腔、喉腔等语言器官结构的特殊性、上肢结构的灵活性等，也为人类的学习提供了必要条件。由此可见，正是人脑、语言器官、上肢等人类特殊的结构与功能，促使人类发生"符号"反映，心智得以发展，并且人类可以通过符号来表达自己的心智。人猿差别由此而始，人类教育的可能性由此而生。

②影响人的发展的因素

人的发展是一个复杂多变的动态过程，取决于多种因素的相互作用，是多种因素相互影响与建构而形成的结果。人们对这些因素有不同的划分和认识，对其在人的发展中的作用也有不同的理解和估价。这个问题是每一位思考教育对人发展作用的人都非常关心的问题，是教育学研究中一个古老而基本的问题，因而也是必须加以澄清和明确的问题。

1）影响人的发展因素的不同观点

从教育发展史上看，影响人的发展因素的问题一直都是大家关注的重点。但到底有哪些因素影响着人的发展，学术界却众说纷纭，莫衷一是，存在着较大的分歧。其中，代表性的观点有以下几种：第一，单因素说。这种观点认为人的发展是由单一的因素影响作用的，如遗传决定论、环境决定论、教育决定论、内发论和外发论等都属于这种观点。单因素说的贡献在于分别从一个侧面提出并论证了该因素对个体发展的价值，其不足之处在于忽视了各因素间的相互关系而导致了绝对化，因而这种观点不可能是全面的和正确的。第二，二因素说。这种观点认为人的发展是由遗传和环境两种因素相互作用影响的。但是，在说明这两种因素的相互作用的关系时，有的认为遗传因素起主要的决定作用，而有的则恰恰相反，认为对人发展起决定作用的是环境因素。第三，三因素说。影响人的发展的因素包括遗传、环境和教育三个方面。该观点是把教育作为一种特殊环境从一般环境中分离出来，作为一种独立因素而存在。在人的发展中，遗传是人的发展的物质基础，环境是人发展的决定性因素，学校教育则在人发展中具有主导作用。第四，多因素说。这种观点是建立在对"三因素说"质疑和批判的基础上提出的，认为"三因素"并没有完全揭示出影响人的发展的所有因素，因为这种观点"目中无人"，忽视人的主体价值，忽视了人在其身心发展中的主观能动性。因此，主张在"三因素"之外增加人的主观能动因素，突出人的发展的内因作用，从而形成了"四因素说"的观点。另外，还有人主张再加上反馈调节因素，从而形成"五因素说"；有人甚至更进一步主张"综合因素说"。这种观点强调了人的自身因素其身心发展中的作用，对我们分析和理解影响人的发展的因素问题是比较有启发价值的。

2）影响人的发展的诸因素分析

生物因素为人的发展提供了生理基础：生物因素是指个体在出生前机体所具有的一切与生俱来的特质，主要包括由上代继承下来的个体先天性的遗传特质，由受孕时父母双方本人和家族遗传基因的组合方式与生命孕育过程中母体独特环境相互作用而生成的个体先天性的非遗传性特质，以及由基因控制的个体的成熟机制等。这些生物因素对个体的发展来说，其影响不仅是既定的，而且是可塑的。其既定性表现为不可选择性；其可塑性表现为通过个体发展的后天因素以及由于机体所具有的内部调节能力，生物因素也是可以在一定程度上加以改变的。生物因素中最基本的是遗传因素。所谓遗传素质，是指通过某种遗传物质所传递的，父母和种系在发展过程中所遗留下来的一些解剖生理特点，如机体的结构、形态及感官和神经系统的特征，特别是脑机能的特点等，它为个体身心发展提供了生理前提和物质基础。没有生理遗传的获得，也就不可能有个体的身心发展。

环境因素是人的发展的现实制约因素：环境是指个体生活于其中、能影响人发展的一切外部条件的综合。这些外部条件若以构成环境因素成分的性质为标准，可以把它分为自然环境和社会环境；若以教育学研究的角度和范围为标准，则可把影响人的发展的环境分为大环境和小环境。所谓自然环境，是指环绕着人类并影响人类生存与发展的自然界，主要有大气、土壤、水分、岩石、植物、动物、太阳等。自然环境是人赖以生存与发展的物质基础，为人的生理及其机能的发育提供必需的能量。而且，在生产力水平相对固定的情况下，自然环境在一定程度上决定了人的生活方式及其生活质量，进而影响人的发展水平。但自然环境对人的身心发展的影响只能是基础性的，在环境因素中起关键作用的应是社会环境。所谓社会环境，是指人类在自然环境基础上创造和积累的物质文化、精神文化和社会关系的总和，如民族文化、生产方式、生活方式、家庭亲友、公共场所、社会风气、流行思潮和社会制度等。不同的社会环境对人的身心发展的影响作用是不同的。人从出生起就面对现实社会而不能选择，只有认识和适应这个现实的社会环境，才能生存并获得自身的发展。

（3）教育的个体社会化功能

个体社会化是人类学、社会学、教育学、心理学等学科共同研究的课题。所谓个体社会化，是指个体在社会环境影响下，认识和掌握社会事物和社会标准的过程，更具体地说，是指"自然人"或"生物人"成长为"社会人"的过程。从动态的观点考察教育过程，个体就是在教育者连续不断地提出社会要求与受教育者个体原有心理水平之间的矛盾运动中发展的。

①教育促进个体观念的社会化

人的观念是指人对社会事物的看法和人在社会活动中形成的思想。观念是社会的产物，个体的观念必然具有社会化的特征。个体从"自然人"成长为"社会人"的过程乃是接受社会文化的过程，而接受社会文化的过程，从某种角度看，正是个体内化社会观念的过程，亦即个体的观念的社会化过程。在个体观念社会化的过程中，教育起着十分重要的作用。若对教育做广义的理解，可以这样认为，个体观念的形成一刻也离不开教育。即使对于任何一个具体的个体，他在社会化过程中可能会形成不同的观念，但这些不同的观念也是不同教育的结果。没有教育的参与，个体观念的形成便是不可能的。

在个体观念社会化过程中，教育的重要作用在于它代表一定社会的要求，传播社会的主流文化和价值观念，受这种文化和价值观念的影响，学生就易于形成与主流社会文化要求相一致的思想观念，从而认可并自觉维持现存社会的种种关系。不仅如此，由于教育所传播的文化价值观念的系统性和深刻性，由于教育活动的计划性和严密性、教育形式的活泼性和多样性，也就易于使学生接受这种价值观念，并形成完整的思想观念体系。教育促使个体观念的社会化，特别表现为促进个体的政治观念社会化和道德观念的社会化。

②教育促进个体智能的社会化

教育对个体智能的促进，在很大程度上是按照社会的要求进行的。作为开发个体智能的教育资源是社会实践经验的概括和总结，是人类在长期的实践活动中积累的智慧成果。个体智能的发展离不开社会的需要，同时也需要教育的指导规范。一方面，不同阶段或不同类型的教育，指导与规范着个体智能发展的方向。个体的智能朝着怎样的方向发展，这在总体上受社会条件的制约，同时又受教育的指导与规范。教育将个体智能的发展引导到适应社会生存并为社会发展服务的轨道之上。另一方面，教育业规范着个体智能的社会化发展。教育以特有的目标、内容以及特有的方式与途径规范着个体的智能的发展，规范着个体智能所可能达到的目标与水平。

③教育促进个体职业和角色的社会化

社会职业分工是社会发展的必然要求，也是社会发展的重要标志。社会政治结构、经济结构的变革都会与社会分工的变化相联系。社会分工赋予社会成员特定的职业特点。进入近现代社会以来，社会分工的发展与科技教育的发展紧密相连。科技革命推动社会生产变革，客观上要求教育的变革。现代教育在很大程度上担负着促进个体职业社会化的使命。在当代社会，个体谋求某种社会职业通常是以接受相关的教育和训练为前提的，教育是促进个体职业社会化的重要手段。

教育也是促进个体角色社会化的重要手段。个体角色是指个体在整个社会等级结构中的地位，而社会等级结构则是社会发展在相当长时间内不可避免的现象，角色社会化与职业社会化有相联系的一面，个体所从事的职业与个体在社会中所处的地位往往相一致。在这种意义上，个体的角色社会化也是以接受相关的教育与训练为前提的。个体的角色社会化与职业社会化也有相区别的一面，个体在社会等级结构中所处的地位或所具有的身份角色与从事的职业有时是不统一的。角色是一种更具广泛性的概念。在当代社会中，个体的非职业性的角色与地位也是与其所具备的教育素养分不开的。任何社会身份都程度不同地蕴含着对教育的需求，教育对促进个体的角色社会化起着至关重要的作用。

（4）教育的个体个性化功能

心理学研究认为，个性是指个体比较稳定的个性倾向性和个性心理特征的总和，它反映了个体独特的心理面貌。个性发展则是指在个体共同性的基础上，充分地把个体的差异性显示出来，从而使每个个体都具有高度的自主性、能动性与创造性的发展。个体个性化发展具有诸多方面的条件，高度发展的社会生产力和它所创造的社会物质条件，是个体个性化的现实基础；社会结构和人与人的联系方式，社会的精神文明状况、意识形态等，构成个体个性化的政治、思想和文化前提；人作为生物个体的遗传素质、身心发育程度和活动的方式与状态，是个体个性化的内在条件。

①教育促进个体主体性的发展

个体主体性是个体面对客观世界的主观能动性，具体表现为个体的自主精神和主动性、积极性与创造性。个体把自己视为自然界的主体，是指个体不是被动地、消极地听命于自然界，而是能主动地、积极地作用于自然界。个体必须遵循客观世界的规律而生存，但个体对客观世界的规律的认识与驾驭则是个体主体性的重要表征。

教育对个体主体性的发展起着极为重要的促进作用。教育通过对个体的道德、智力、能力的培养而提高对自我的认识，提高自己的主体性。对于个体而言，教育的过程是一种不断提升自我的过程，是激发并弘扬个体主体性的过程。个体通过接受教育，增进知识，提升能力，形成道德观念，从而达到能动地认识和适应客观世界，并在此基础上变革和改造客观世界的目的。

②教育促进个体人格心理特征的发展

个体的心理特征主要是指个体心理发展的差异性和独特性，诸如兴趣、爱好、理想、信念、世界观、能力、气质、性格等。人的遗传素质蕴含着个体的差异性，但个体的心理差异的发展、心理特征的形成则更多地取决于后天的因素，其中突出地取决于教育的作用。教育虽然按照社会的要求作用于个体的发展，但社会化本身也包含着对个体心理特征充分发展的需求。教育应该是尊重个体差异的社会实践活动，它能帮助个体充分开发内在潜力并充分发展自己的特长。

教育促进个体心理特征的发展主要是通过不同的教育内容与不同的教育形式来实现的。个体在接受教育过程中会产生兴趣和爱好的分野，由此又造成个体在专业或技能领域的分野，个体的心理特征也因此表现为专业特点或职业特征。个体的心理特征除了表现在专业兴趣、爱好和特长之外，还表现在情感、性格、气质等方面，而个体的这些方面特征的形成，则在很大程度上是后天教育的结果。

③教育促进个体创造性和生命价值的实现

创造性是个体的核心品质，是个体的自主性和独特性的综合体现。它是个体在创造活动中所表现出的自主、独特、与众不同的心理倾向。创造活动是个体生产新颖、独特和有社会价值的产品的活动。人在创造活动中所表现出来的创造性，不仅是个体独特的自我意识的体现，同时也符合社会价值的要求，具有社会性特征。因此，创造性是"自我性"和"社会性"的连接，它虽然是个人才能的最高体现，但这种才能的发挥要受到社会的制约，需要通过教育加以开发和培养。

个体的生命价值是针对个体对社会的贡献而言的。生命个体如何展现其人生价值，归根到底是通过其在社会生活中发挥的作用以及作用的大小来衡量的。个体应该成为对他人、对社会有益的人。个体有益于他人、有益于社会是离不开其道德水准和智能状况的，个体越有道德、越有知识、越有才能，便越能展现生命的价值并创造生命的辉煌。教育使个体意识到生命的存在并努力追求生命的价值与意义，教育赋予个体创造生命价值的信心与力量。可以毫不夸张地说，个体生命价值的实现必须依靠教育的力量才能得以达成。

（5）教育的个体享用性功能

所谓教育的个体享用性功能，是指个体并非只为了达到外在的发展目的而接受教育，而是教育已经成为个体生活的需要，受教育的过程也就是需要满足的过程，在满足需要的过程中，个体可以获得自由和幸福，达到一种精神上的享受。从广义的教育来讲，个体的成长必须接受教育。因为个体具有双重生命，从父母那里遗传的一种生命只是做人的物质基础，人要成为人，还要经历"第二次生成"，并且必须讲求"为人之道"，在自觉做人中才能生成为人。教育教人"成为人"，是满足人的生命需要的最基本形式。因此，受教育对个体来说，是生命中的最基本需要。

①教育能满足个体的需要

从历史的角度来考察，教育满足个体的需要，首先是满足其生存的需要，教育必须为有用而进行，它具备的是人类保存自身和个体谋生的价值。尔后随着人类的进化，社会的进步，物质的丰富，人类精神的提升，对教育的需要才开始从以生存价值、功利价值为主转化为以其具有的精神价值为主，人们逐渐把精神的完善作为追求的目标，从而达到精神上的满足与享受。教育不只是使个体成为社会需要的好公民，得以适应社会的存在，而且更深刻地体现在它展示了现代社会个人自我完善、自我发展的需要，教育如同吃饭、睡觉一样，是生活的一种形式，而且是一种高级的精神生活。人需要教育，不是为了谋生或成为外在社会期望的人，而是为了自身精神的追求，为了丰富自己的生活，过一种"诗意的人生"，得到一种精神上的满足和享受。

从个体的角度看，教育的个体享用性功能的实现，也是个体发展之必然。对一个个体来说，要成为一个改造世界的主体，其主体性的发展要经历一个从无到有、由弱到强的变化过程，对他的教育也要经过一个从"他律"到"自律"、由"约束"到"解放"的过程。儿童在"他律"和"约束"阶段，仅仅是为了获得他人的奖励或逃避他人的惩罚而受教育；但在"自律"和"解放"阶段，人为了如人本主义心理学家马斯洛所说的"似本能"的高级本性而受教育。在他律阶段，教育满足的仅是外在的要求，往往带有很大的功利性。只有在一个充分发展的个体身上，教育才成为其较为明确的内在需求，在接受教育的过程中获得一种自我提升的满意感和满足感，从而使教育不再成为一种"异化"的痛苦过程，而是一种充满精神愉悦的自主的价值生命建构过程，并从教育中体验到自由和幸福。

②教育能使个体通向自由

对个体而言，致力于完美人格培养的全人教育，是"真"的教育、"善"的教育和"美"的教育的完整统一。"真"的教育，教人掌握真知和探索真理的方法，具有科学探索的精神，教育的过程就是个体不断地认识客观外部世界的过程，它为人们自由活动奠定了基础。"善"的教育，教人追求合理的目的，关怀人生的终极意义，实现自身的价值。"美"是"真"的超越和"善"的升华，是"真"和"善"的统一，美的王国就是自由的王国。在个体的活动具备外在尺度（真）和内在尺度（善）后，就能够"按照美的规律来塑造"世界。"美"的教育，不是教人一种美的知识和技能，而是在美的教育过程中，使精神上体验到一种"美"的享受。教育通过教人"求真""向善""粹美"，从而造就了一种自由人格，造就了活动中的自由人。

然而，通向自由的"教育"，是有所限定的，这就是"自由的教育"。自由的教育，是一种自律的教育；自由的教育，是一种创造的教育。

③教育能使个体达成幸福

幸福是人生的追求，是生活的主题。幸福生活的获得取决于三个方面的条件：第一，主体的生活必须有自身追求的目标。幸福不是产生于基础性需求的满足，而是产生于有意义的可能生活，产生于人对美好事物的无限追求之中。第二，在走向目标的过程中，主体必须有一种自由的、创造的活动，仅仅通过合目的性来理解幸福的条件是有限的，幸福的获得必须关注追求幸福的方式。第三，个体合目的的、自由的、创造的活动还必须具有伦理学的标准，即合乎道德的法则。幸福是人性满足的一个积极心理体验，但人的社会性决定了幸福的心理体验必须合乎社会的道德准则，从这个意义上说，德行与幸福是紧密相连的。幸福的主观感受决定了一个人是否体验到幸福，幸福的伦理规定决定了一个人的幸福是否正当。因此，现实中的幸福是"心理体验"和"伦理规定"的统一，是"人性"和"善性"的和谐。

教育的事业是一种面向未来的事业，不仅面向社会的未来，而且面向个人的未来，是社会和个人所意味着去实现的生活——"可能生活"。教育作为"使人向善"的活动，它追求一种"应然"理想，创造一种可能的生活。幸福源于可能的生活，可能生活的实现意味着幸福的获得。因此，教育通过创造可能的生活，通过可能生活的现实转化，从而获得幸福的底蕴。幸福是完美人性的展示和表现，这种人性融智慧、情感、道德于一体，教育通过使受教育者人格的提升和完善，使他们体验到精神上的幸福。但与真和美的价值追求相比，道德和道德教育在获取幸福的能力上又显得特别重要。幸福的人生必然是道德的人生，幸福的生活必然是道德的生活，幸福的教育必然是道德的教育。

3. 教师与学生

（1）教师

①教师的社会地位和作用

教师职业的产生与发展：教育是与人类共始终的社会实践活动，但在原始社会还没有专门的学校教育和教师职业。随着知识经济的到来，高技术产业将成为经济部门的主导产业，传统产业也将高技术化。科技创新是发展高技术产业的基础，培养高质量的有创新能力的科学技术专家，就成为知识经济发展的关键。这就必须大力发展教育和提高教师素质。知识经济时代，科学技术加速发展，知识更新不断加快，因此，人类将进入学习化社会，成人教育、继续教育将不断发展，这就必将造成教师职业的进一步扩大，促使教师质量的进一步提高。

教师的社会地位：教师被称为"人类灵魂的工程师"，夸美纽斯也说过"教师是太阳底下最光辉的职业。"古往今来，有不少思想家、科学家都从事过教师职业。他们一方面从事文化研究和传播；一方面培养人才，对人类社会的发展做出了贡献。古往今来，也有不少思想家、教育家对教师工作给予了很高评价，主张给教师以崇高社会地位，倡导社会应尊重教师。

教师是教育活动的组织者和领导者，教师的学识、能力以及法律赋予教师的权利和职责，决定了教师在教学活动中的主导作用。而要发挥教师的主导作用，就必须正确认识教师的职业属性。

教师职业的社会地位是通过教师职业在整个社会中所发挥的作用和所占有的地位资源来体现的，主要包括政治地位、经济地位、法律地位和专业地位。

第一，教师职业的政治地位表现为教师的政治身份的获得、教师自治组织的建立和政治参与度、政治影响力等。随着社会的发展、教育地位的提升，教师政治地位的提高成为提高教师职业社会地位的前提。

第二，教师职业的经济地位指将教师职业与其他职业相比较，其劳动报酬的差异状况及其经济生活状态。经济地位是教师社会地位的最直接体现。

第三，教师职业的法律地位指法律赋予教师职业的权利、责任。

第四，教师职业的专业地位是教师职业社会地位的内在标准，它主要通过其从业标准体现，有没有从业标准和有什么样的从业标准是教师职业专业地位高低的指示器。

教师的社会作用：第一，通过教育活动选择、传播、提升和创造人类文化。人与动物的区别，就在于人有自觉能动性。人的自觉能动性主要表现为人能认识世界和改造世界。人类认识世界和改造世界是相互作用的，新文化的创造与原有文化的继承也是相互作用的。人类正是在认识世界和改造世界的相互作用中，在新文化与原有文化的相互作用中，推动整个人类文化和社会不断进步的。因而新一代人在进入社会生活之前，都应掌握人类创造的已有文化。年青一代掌握人类文化是一个人类文化传承的过程，学校是进行人类文化的代际交接和传承的场所，教师则是进行人类文化的代际交接和传承的执行者。在这里，教师是人类文化的传播者、传递者、交接者，学生是人类文化的接受者、接替者、继承者。学校教育传播文化是有目的、有计划、有组织地进行的，它与其他大众媒体和文化出版事业不同。教师要把社会对新一代的要求和期待变为自己对每一个学生的具体的期待，要针对学生实际，对知识做出说明、解释和论证，以保证学生理解和掌握。学校和教师进行人类文化的代际传承，具有自觉性、科学合理性和专门性。教师传递人类文化不是起一个传声筒的作用，他不但要对知识做出说明、解释、论证，而且要对人类文化进行选择、提升和创造。所谓选择就是选择真正科学的知识，选择人类优秀文化，选择符合真善美精神的文化知识，选择适合于学生接受的文化知识等。所谓提升和创造就是指教师对教科书的知识的说明、解释和论证，要结合自己的体验，去阐发和弘扬人类优秀文化传统，引导和鼓舞学生追求真善美。教师对教科书上的知识的说明、解释和论证，还要与人类科学文化的最新发展相结合，并进行自己的创造，去阐发它的最新的内涵和意义，把它提升到新的境界。第二，通过向受教育者传授文化知识以培养人。培养人才与传授文化知识比较，培养人才是教师职业的更为本质的社会职能。这里所说的培养人才，是指培养和发展人的素质。这里所说的素质是指人的后天素质，它以人的先天自然素质为基础，以对人类文化的掌握为中介，在社会实践中形成和表现出来的人的稳定的身心品质或特性。在这里文化知识的掌握是人的素质形成的条件，但文化知识的掌握又不简单的是人的素质，二者既有相关性，又有差异性。从文化知识的掌握到素质的形成，还需要对知识的运用和实践的锻炼。人的素质包括国民基础素质和各种专业或职业素质。国民基础素质主要包括思想道德素质、智能素质、身体和心理素质、劳动与生活技能素质等。专业或职业素质是指在各种专业或职业活动中所需要和表现的素质。

在知识经济时代，科学创新将成为发展高新技术和高技术产业的基础，培养科技创新人才将是提高综合国力和国际竞争力的关键。科技创新人才具有复杂的素质结构，培养这种复杂结构的高素质人才是一个长期艰苦的过程，它需要发挥教师的主动、积极的能动作用。具有发展高技术使命的科技创新人才必须具有高度的责任感、使命感和献身精神，这需要教师的积极影响。高技术时代的科技创新人才主要是要培养选择、运用和创造新知识的能力，它需要教师的精心设计和培养。在国内国际激烈竞争的现代社会，科技创新人才还要注意心理平衡的锻炼，敢于面对挑战，迎接挑战，这也需要教师的指导和培养。

第三，通过传递文化和培养人全面推动人类社会发展。世界上的一切物质财富和精神财富都是人类自己创造的，人类的一切活动都是发明和应用文化的活动，人类创造的一切都是人类知识的物化或客观化。因此，教师通过传授文化知识和培养人才，就可以全面推动人类社会的发展。例如，教师在教育活动中培养的有知识懂技术的劳动者，能利用自己的知识、技术制造物质产品；教师通过教育培养的科学技术专家，可以利用自己的创造活动发现新的科学原理或发明新技术，从而创造新产品，或通过改进工艺提高产品质量。

教师不仅以自己教育教学活动提升和创造文化，而且还通过传播文化培养科学文化研究人才，推动科学文化事业的发展。

第四，教师职业的价值。

教师劳动的价值：教师的劳动不仅能满足社会发展的需要，而且也能满足教师个人生存、发展和自我实现的需要，因此，教师劳动的价值是由社会价值和个人价值构成。教师劳动的价值是社会价值与个人价值的统一。

社会价值：教师劳动的社会价值是指教师在教育教学过程中耗费劳动而产生的满足社会需要的意义和作用。社会价值是教师劳动价值的主要属性，也是体现教师社会地位和教师个人价值的主要标志。

个人价值：第一，教师劳动的个人价值是作为客体的教师劳动对于教师主体需要的肯定或否定的某种状态，是满足教师自身物质和精神需要的程度。

第二，教师劳动除了满足社会需要，具有社会价值外，还能够在许多方面满足教师的个人需要，因而也具有个人价值。

第三，教师职业的内在价值。

为了使教师这一职业真正成为令人羡慕和富有内在尊严的职业，我们有必要认真思考教师职业的内在价值，教师能够从自己的职业生活中获得什么？其实，教师绝不是"为他人做嫁衣"的牺牲者，教师职业会给教师带来幸福的体验、精神的充实和自我的实现。教师职业的内在价值主要体现为以下几点：①教师职业激发和丰富教师的创造潜能；②教师职业促进了教师的自我成长；③教师职业带给教师无穷的快乐。

②教师的职业性质

1）教师是专业人员，职业是一种专门职业

教师是履行教育、教学职责的专业人员，承担教书育人，培养社会主义事业建设者和接班人，提高民族素质的使命。

教师是专业人员，职业是一种专门职业，如同医生、律师一样，是从事专门职业活动的，必须具备专门的资格，符合特定的要求，这些要求是：教师要达到规定的学历；教师要具备相应的知识；教师要符合与其职业相称的其他有关规定，如语言表达能力、身体状况等。

专门职业具有三个基本特征：

第一，需要专门技术和特殊智力，在职前必须接受过专门的教育；

第二，提供专门的社会服务，具有较高职业道德和社会责任感；

第三，拥有专业自主权或控制权。根据学术标准衡量，教师职业属于专门职业，教师是从事教育教学工作的专业人员。

2）教师是教育者，教师的职业是促进个体社会化的职业

教师是教育者以别于其他人员。这就是说，只有直接承担教育教学工作的人员才是教师。在学校里的其他人员，如行政管理人员、后勤服务人员、校办产业公司人员、教学辅助人员等，由于不直接从事教育教学工作，未直接履行教育教学职责，就不能定为教师，而分属教育职员或其他专业技术系列。但要指出的是，在学校及其他教育机构中承担其他职责的同时，也承担教育教学职责，并达到教师职责基本要求的人员，也可以确定为教师。

教师的使命和根本任务就是教书育人，培养社会主义建设者和接班人，提高民族素质。这是就教师工作的目的而言的，教师的一切工作都要服从于这个目的。

教师的职业特点：教师职业的最大特点是职业角色的多样化。所以教师的职业特点就是教师职业角色。

教师职业的属性除表现在性质和特点与其他职业不同外，还表现在职业角色的不同。所谓职业角色是个人在一定的社会规范和职业中履行一定社会职责的行为模式，每个人在社会中同时扮演许多角色。

③教师的劳动特点

教师的劳动属于精神生产，劳动对象又是人，劳动的成果主要体现在青少年的健康成长上，这就使得教师的劳动与其他劳动相比有质的差别。这种差别决定了教师劳动以下几个方面的独特性。

1）复杂性和繁重性

这一特点的内涵是指教师的劳动不是简单的重复，而是复杂的塑造人的灵魂的工作；不是轻松的活动，而是繁重的脑力劳动。

第一，教师的劳动对象的复杂性。教师的劳动对象是具有主观能动性的人。在教育过程中，学生不是消极被动地接受教师的加工和塑造，而是以独立的个体人格参与教育过程，并且直接影响着教师的劳动效果。所以，教师必须树立发展多样性的教育观念，研究每个学生发展的个别差异，以便因材施教，而不能像工人生产那样，按照统一的图纸、模具、操作规程加工产品。

第二，教育任务的多元性。就总体任务而言，教师既要促进学生全面发展，形成良好的个性，又要使学生的特殊才能得到充分发挥。就某方面的任务而言，教师的工作也是多元的。如在智育上，教师既要传授知识，又要发展学生的能力。这就要求教师树立全面的教育质量观，面向全体学生，以提高学生的综合素质进行教育和教学。

第三，影响学生发展的社会因素的多样性。学生在接受学校教育的同时，还要受到来自家庭、社会其他方面的影响。其中有些影响是积极的，有些则是消极的。这就要求教师协调各方面的教育影响，统一各方面的教育力量，形成合力，增强教育效果。

第四，教师劳动过程的复杂性。教师的工作既是一种复杂的脑力劳动，也是一种复杂的体力劳动，需要具备丰富的专业知识与一系列的专业技能和技巧才能完成教学任务。

第五，教师的劳动性质的复杂性。教师的劳动属于专业行为，是一种高级复杂的心智劳动。劳动过程中既要考虑教育对象，又要考虑教育内容，还要考虑教学方法、手段及教学效果。

第六，教师劳动手段的复杂性。教师要有效地促进学生全面发展，必须保持教育影响的一致性，优化组合各种影响，使之发挥最佳合力。把这些复杂的影响有效地组织到教育过程中，这本身就是一种复杂的工作

2）创造性和灵活性

这一特点的内涵是指教师的工作尽管有一些基本的原则和要求，但针对每个学生的教育来说，没有现成的操作规程。教育必须根据学生的具体情况，灵活地运用教育原则，创造性地设计教育方法。这一特点体现在以下几个方面：

第一，对不同学生要区别对待，因材施教。每个学生都是一个特殊的实体，教师要具体研究，区别对待，"一把钥匙开一把锁"。

第二，对各种教学方法要灵活地选择和组合。所谓"教学有法而无定法"，学生掌握

知识是一个复杂的心理活动过程，而传授知识又没有固定的模式可以遵循，这就要求教师针对学生和教材的特点，灵活地、创造性地设计和组织教学活动。

④教师职业发展历史

教师的职业发展经历了四个阶段。

1）非职业化阶段

较为明确的教师职业出现在学校出现以后。原始社会末期，出现了学校教育的萌芽，那时候长者为师、能者为师或智者为师。奴隶社会初期，"学在官府""以吏为师""官师合一"，这种官吏兼职教师就属于非职业化阶段。

2）职业化阶段

独立的教师职业是伴随着私学的出现而产生的。我国奴隶社会发展到春秋时期，官学衰微，私学兴起，这种私学的教师在一定程度上改变了官学教师身上过重的官吏色彩，使教师回归到专职教育工作者角色上来。从这个意义上可以说，春秋战国时期这些出卖脑力劳动的"士"堪称中国第一代教师群。私学教师逐渐成为一种职业。

3）专业化阶段

这一阶段，学校对教师的需求从"量"的急需向"质"的提高方面转化。于是独立设置的师范院校产生并逐渐并入为理学院，教师的培养改由综合大学的教育学院或师范学院承担，这被称为"教师教育大学化"。教师职业开始走向专业化道路。

⑤教师的职业素养

教师的职业素质是教师做好教育工作的前提。教育不仅具有生产力等经济功能和价值，而且这种价值和功能要与人的精神世界的丰富，道德品质的提高，人与自然的和谐，人文精神的培养相协调。针对这一客观事实，教师的职能应该进行相应的改变：由封闭式的教学改为指导学生"开放式学习"，教师应树立以"学生的发展为本"的教育观念，建立完全平等的新型师生关系。从教师所承担的任务和劳动特点来看，作为一名合格的人民教师必须具备以下素养：

教师的政治思想素养：政治思想素养是衡量一个合格人民教师的重要标志，它决定着教师职业活动的方向。教师是人类灵魂的工程师，肩负培养年青一代的重任，教师自身的政治素质直接影响到学生的政治认识和态度。因此教师必须具有坚定正确的政治方向。

教师的教育思想素养：教师的教育思想的核心是教育观，教育观就是对教育的基本看法，教师要加强教育思想素养，就要求教师不断更新教育观念。

教师的职业道德素养：教师劳动的主体性和示范性的特点客观地要求教师具有高尚的

职业道德素养，其具体体现在五个态度方面。

对待教育事业的态度：要忠于教育事业，爱岗敬业。忠于和热爱教育事业，做到爱岗敬业是教师职业道德的基本要求。爱岗敬业是前提，教师只要有热爱自己的本职工作，才能积极投入教育事业，而要在教育活动中追求完善和提高，还必须敬业。敬业是爱岗情感的表达，表现为在工作中认真负责、精益求精。

忠于教育事业，是教师爱岗敬业的本质要求。

首先，要热爱教育事业。对教育事业的热爱，主要来自教师对教育事业在社会发展中的地位与作用的认同。只有把教育同国家兴亡、民族的振兴和现代化建设的成败联系起来，才能对教育事业有深刻的认识。认识得越深，爱得越深；而爱得越深，则干劲就越大。

其次，要献身于教育事业。忠于教育事业，就要有无私奉献的精神。教师劳动的成果主要体现在学生的成功中，教师自身则是默默无闻的，没有奉献精神是干不好教育工作的。因此，教师要不辞辛苦、辛勤耕耘，时时刻刻把教育事业的利益放在首位，要识大体、顾大局，不为权力、地位、名利、金钱和物质利益所动摇，把全部的心血用在培养学生上。

对待学生的态度：热爱学生，诲人不倦。热爱学生，是人民教师的美德，是教师对学生进行教育的感情基础，也是获得良好教育效果的前提。教师对学生的热爱，可以密切师生关系，造成良好的教育气氛，增强教育的效力，也有利于培养学生良好的个性。教师热爱学生，不仅可以充分发挥教师自己的教育才能，甚至还可以弥补教师教育才能的某些不足。

教师热爱学生也是教师职业道德的核心。

教师为什么要爱学生呢？教师热爱学生在教育过程中起着十分重要的作用，其原因在于：第一，师爱是教师接纳学生、认可学生的心理基础，是教育好学生的前提；第二，师爱是激励教师做好教育工作的精神动力；第三，师爱是打开学生心扉的钥匙；第四，师爱有助于培养学生友爱待人、趋向合群等良好社会情感和开朗乐观的个性。

对待自己的态度：以身立教，为人师表，这是教师职业道德的最高表现。教师在教育学生过程中，要以自己的模范品行来教育和影响学生，即"为人师表"。这是教师职业道德的一个重要规范，也是教师形成威信的必要条件，是教师做好教育工作的重要保证。一个教师的思想品德、行为举止，对于可塑性、模仿性很强的青少年学生起着直接的影响和熏陶作用。

我国历史上许多著名的教育家，都主张教师必须严格要求自己，为人师表。春秋时期的伟大教育家孔子说："其身正，不令而行；其身不正，虽令不从。"唐代教育家韩愈提出教师应"以身立教"。在近代，伟大的人民教育家陶行知提倡"教师应以身作则""以教人者教己"。陶行知为发展人民的教育事业，忘我奋斗，鞠躬尽瘁。

为人师表，首先表现在教师的行为方面：教师应从自身做起，身教重于言教。要做到身教，最基本的要求是——凡是要求学生去做的，教师一定要身体力行，做到言行一致，发挥表率作用，处处严于律己，做学生的表率，即语言文明、仪表大方、礼貌待人、举止得体。

其次，应表现在教师思想方面：教师应爱国爱党，具有高度的民族自尊心、自信心和高尚的道德品质，言行一致，表里如一。

再次，应表现在教师义务方面：教师要遵纪守法，自觉贯彻国家的教育方针，执行学校的教学计划，认真完成教学任务。

最后，表现在自觉态度方面：要高度自觉，自我监控。教师以高标准严格要求自己，才能使自己在学生面前成为活生生的教材，成为学生做人的榜样。

对待工作的态度：兢兢业业，严谨治学。教师治学的态度是一个职业道德问题。在我国教育史上，自古以来人们就把钻研学问、不断求知看作是教师必备的职业道德修养。孔子认为，教师对待学习，要"学而不厌"；荀子则认为，做一个好教师必须具有"博学"精神。人民教育家陶行知倡导教师每天问一下自己："我的学问有没有进步？"无产阶级教育家徐特立把"经师"（钻研知识，认真向学生传授知识）看作是"教师的人格"之一。

严谨治学是教师职业的重要要求。要求教师树立优良学风，刻苦钻研业务，不断学习新知识，探索教育教学规律，改进教育教学方法，提高教育、教学和科研水平。一般说来，教师已经掌握了许多知识，但是，随着时代的进步、科技的发展、新知识的不断涌现，教育事业要求教师树立终身学习的观念，永远做好学者。

对待同事的态度：团结协作，合作育人。为了搞好教育工作，教师不仅要正确处理好与学生之间的关系，还要正确处理好与教师集体及家长之间的关系，这是教育过程本身的需要，也是教师个体发展不可缺少的条件。因为人的培养靠单个教师是不行的，人的成长要受到多方面因素的影响。人才的全面成长，是多方面教育者集体劳动的结晶。这就要求教师必须与各方面协同合作，以便形成教育合力，共同完成培养人的工作。

⑥教师的业务素养

教师职业是一种专业性较强的职业，合格的教师应具有不同于其他职业的业务素养。

教师的业务素养主要包括知识素养和能力素养两大方面。

知识素养：知识素养是从事教育工作的基本前提条件。教师要完成教书育人的根本任务，必须具有广博的知识和完整的知识结构。从结构上看，教师的知识素养应包括以下几个方面：

第一，宽厚精深的学科专业知识——这是本体性知识。

掌握某方面的专业知识，是教师和其他脑力劳动者所共同具有的特点。所不同的是教师的专业知识主要是用于转化为学生的主观认识，而不是主要用于对客观现实的改造。

教师以知识育人，必须做到"学有专长，术有专攻"，精通某一学科，并掌握相关专业的某些知识，有较丰富、较全面的专业知识储备。专业知识达到精深的程度，意味着教师不仅掌握了专业的知识量，为讲授某一学科打下基础，而且还了解学科的基本结构、知识体系、同相关知识的内在联系，掌握专业的最新研究成果和发展的基本趋势，同时自己对这一专业也有所研究和创新。参加继续教育学习或一些培训班的学习，提高自己的专业理论水平。通过报纸、杂志、信息技术等收集有关的教育教学资料，充实自己的实践知识。这样才能更好地把自己的专业知识转化为学生的知识和认识，并能引导他们深入理解，解决一些实际问题。

第二，扎实广博的文化基础知识——这是辅助性知识。

这是因为：一方面这是科学知识日益融合和渗透的要求；另一方面这是青少年多方面发展的要求；再有就是教师的任务是教书育人。

基于此，教师自身要应具备宽厚的基础知识和现代信息素质，形成多层次、多元化的知识结构；有开阔的视野，善于分析综合信息，有创新的数学模式，创新的教学方法，灵活的教学内容选择。知识整体的积累与发展，反映在知识的各个领域，包括在相互联系中发展，形成一个有机的知识总体。在这个知识总体中，那些基础性的知识，具有很大的稳定性，是掌握知识整体和发展的关键。中小学要求学生掌握的就是文化科学基础知识，而不是知识的全部。教师也必须具备这些文化科学基础知识，而且要广博，要注意到知识的广泛性和综合性，同时在知识量上必须大于学生。所谓给学生"一杯水"，教师必须具备"一桶水"，而且这"一桶水"在质量上要高于学生，能满足学生学习的要求和解决他们提出的各种问题。这就对教师提出了更高的要求，要求教师是一个博学多才、知识丰富的人。

第三，全新丰富的教育理论知识——这是条件性知识。

教师的教育科学知识主要包括三个方面：①学生身心发展知识；②教与学的知识；③

学生成绩评价的知识。人们通过数千年的教育实践，积累了丰富的教育教学实践经验。在总结这些经验的基础上，人们揭示了教育教学的规律，提出了教育教学的原则、方法体系，形成了系统的教育理论。教师要加强教育工作的科学性和有效性，就必须掌握这些理论。其中，教育学、心理学及各科教材教法是教师首先要掌握的最为基本的教育科学知识。此外，教师还要掌握教育管理方面的知识。

随着社会的发展，我们所面对的学生也会更加复杂化，这就要求教师必须不断学习心理学和教育学，能够以新的教育理论来支撑自己的教学工作。它有助于使教师了解和掌握教育规律，依据规律做好教育工作，提高工作的自觉性，减少盲目性和随意性。教育科学知识是教师必备的知识。它是教师合格的重要标志和条件。没有接受过师范教育的教师，国家规定必须补充学习教育科学知识，取得合格证书后，才可以从事教师工作。在教育科学理论的指导下，教师能洞察教育全局，了解学生的特点与内心世界，提高教育与教学能力，有效地完成教育与教学任务。

第四，丰富的教育实践知识。

教师的教育实践知识主要来源于教育实践经验的累积，在对待和处理教育问题时体现出的个人特质和教育智慧。教育实践知识可以是自己的也可以是他人的，"他山之石可以攻玉"。也可能来源于课堂教育教学情境之中，还可能来源于课堂内外的师生互动行为，带有明显的情境性、个体性，是教师对复杂的和不断变化的教育情境的一种判断和处理。教育实践知识受个人的经历、意识、风格及行为方式的影响，最后形成具有自己特色的教育风格、教育艺术、教育理念等。对于实践知识，有的是可以明确意识的，是经过深思的；有的是无意识的或潜意识的，是一种非反思的缄默知识。

能力素养：能力素养是教师做好教育工作的必备条件，教师的能力素养主要表现在以下几个方面：

教学能力：第一，处理教材能力。根据教育目的和学生的实际情况，正确地处理教材，准确地把握基本理论、基本结构，抓住重点、难点，分清脉络，理清思路，然后设计出优化的教学方案，才能保证课堂教学的质量。第二，把握教学过程的能力。教师要善于了解学生学习的准备情况，关注学生的认知结构，激发学生的学校动机，采用适当的教学方法，调动学生的学习兴趣，把握好教学过程，以便更好、更有效地促进学生的学习。第三，应用信息技术的能力。教师要转变传统的教育观念，能够运用以计算机及网络为核心的信息技术来促进教学，熟练制作和应用教学课件，达到信息技术和各科课程的整合，优化教学结构，培养学生获取信息、终身学习、创新和实践等能力，提高教学质量。第四，外语能力。教师应基本掌握一种外语，对阅读资料、进行"双语教学"具有很大帮助。

教育和组织管理能力：第一，了解学生的能力。教师要了解学生的思想、学习、身体、情绪等状况，了解班集体和少先队的整体状况。第二，组织班集体的能力。具有进行日常管理，进行个别教育，确定班级目标，形成健康班风，培养优秀班集体的能力。第三，组织活动的能力。组织学生开展多种形式的集体活动，如主题班会、中队会、文体活动、调查访问等，既可以发挥学生的才能，又可以发展学生的兴趣，并使学生在集体中收到教育。第四，交往与协调能力。具有建立与教师、家长和社会的联系，协调各方面教育力量的能力。

语言表达能力：语言是教师进行教育和教学的重要手段。讲授知识、开导学生都离不开语言。教师语言表达能力的强弱，直接关系到教师主导作用的发挥，也影响到学生语言和思维的发展。正确掌握并熟练、规范地运用语言，是执教的起码条件；而高超的语言艺术是提高教学质量、取得教学成功的重要一环。

自我调控能力：自我调控能力是要求教师不管遇到什么情况，都能正确对待，善于控制自己的情绪，完满完成教育教学任务。教师的工作是复杂的。学生在成长过程中，会经常出现一些意想不到的问题，有的问题甚至严重地伤害了教师的尊严。在这种情况下，要求教师必须冷静，及时调整自己的情绪，发挥教育机制，耐心地坚持正面教育，因势利导，化解矛盾。事实证明，这不仅无损于教师的威信，反而更增强了教师的威信，使教师掌握了主动权。教师的自控能力，最终目标是为了实现教育任务。自我调控能力是教师政治素质、道德修养、业务能力的集中表现。要求教师在这方面加强修养，克服急躁情绪，一切从教育目的出发，搞好本职工作。

教育科研能力：第一，具备教育科研能力，是现代教育对教师提出的新要求。站在教育第一线的广大教师应该成为教育科学研究的积极参加者，而且他们也最有条件进行教育科学研究。为此，教师应具有现代人的素质，要勇于开拓、勇于创新，在自己的教学领域不断地进行改革、研究。第二，当前我国教育正从应试教育向素质教育转变，这是符合教育规律的更高层次、更高质量的教育。素质教育实际上对教师的教育能力提出了更高的要求，要求教师能有目的、有计划地结合本职工作开展教育科研活动，成为科研型教师。

教学反思能力：教学反思能力是指教师自觉地将自己的教学实践作为认识对象进行深入的思考和总结，从而优化教学活动，形成自己新的教学思想并改进教学实践。包括教学前反思，教学中反思和教学后反思。

⑦教师的身心素养

身体素养：第一，教师要身体健康，没有传染性疾病。第二，要有充沛的体力和耐受性。第三，要有洪亮的声音和良好的视力。第四，要有适当的身高。

心理素养：要有良好的认知能力：知识的急剧增长，要求教师必须与时俱进，不断汲取新知识，所以要有良好的认知能力。

要有愉快的情感：第一，情感作为一种内心体验是人感受客观需要的心理活动。对教师来说，情感是塑造青少年灵魂的强大精神力量，丰富的情感具有强烈的感染力，它使广大学生在潜移默化中，在期待和激励下，自觉热情地学习。第二，教师情感的表达应具有时间上的连贯性和空间变换上的一致性，有丰富多样的表现形式。既要有轻快的心境、昂扬的精神、幽默的态度、豁达开朗的心胸，也要有控制自己情感的意志，能把消极情感消除在课堂之外，创设良好的教学情境和气氛。

要有顽强的意志力：意志品质是成功完成任何事情的心理基础和保证。教师面对着复杂的学生、繁重的教育教学任务必须要有顽强的意志力才能胜任。

要有完善的人格：教师的健康人格是在培养人、教育人的过程中表现出来的成熟的、积极的心理素质。健康的人格来自积极肯定的自我，只有接受自己才能接受他人，只有热爱自己才能热爱工作，并能在工作中始终充满动力，充满成功的希望。教师工作同其他工作一样需要勇气和自信，一个具有健康人格的教师热爱生活，热爱教育事业，乐于助人，努力实现自己的理想，对每一个学生都倾注热情和希望。要有良好的自我认知、协调一致的价值取向和融洽的师生关系。

要有良好的人际关系：良好的人际关系是教师完善人格的一个重要标志，也是教师心理健康的重要内容。从对象上看，教师的人际交往包括与学生保持良好的人际关系，与同事和学校领导建立良好的人际关系。从形式上看，教师的人际关系包括认知的、情感的和行为的三个方面。

第一，认知方面，表现为互相认识和理解的程度，它是人与人之间关系的基础。

第二，情感方面，表现为彼此之间融洽的各种状态，如喜爱或不喜爱、好感或厌恶、妒忌或同情，这是人与人之间相互联系的纽带。

第三，行为方面，表现在各种共同活动中是否协调一致，这是人与人之间相互交往的结果。

⑧教师的专业发展

教师专业发展的概念：教师的专业发展又称教师的专业成长，主要是指教师在整个专业生涯中，依托专业组织、专门的培养制度和管理制度，经过持续的专业教育，习得专业技能，形成专业理想、专业道德、专业能力，从而实现专业自主的过程，即教师专业素质的发展，包括道德、知识、教学实践、管理等方面的发展。教师的专业发展是现代教育对教师的基本要求，包括群体的专业发展和个体的专业发展。

教师专业发展的内容：专业理想的建立：教师的专业理想是教师对成为一个成熟的教育专业工作者的向往与追求，它为教师提供了奋斗目标，是推动教师发展的巨大动力。具有专业理想的教师对教学工作会产生强烈的认同感和投入感，会对教学工作抱有强烈的期待。教师专业理想是教师个体专业发展的精神内涵，也是推动教师专业发展的巨大动力。

专业自我的形成：专业自我包括自我意象、自我尊重、工作动机、工作满意感、任务知觉和未来前景。对教学工作来说，教师的专业自我是教师个体对自我从事教学工作的感受、接纳和肯定的心理倾向，这种倾向将显著地影响到教师的教学成效。

专业知识的拓展与深化：教师作为一个专业人员，必须具备从事专业工作所需的基本知识。因此，教师的专业知识是教师专业发展中的一个重要内容，教师专业知识（合理的知识结构）主要包括本体性知识、条件性知识、实践性知识和一般文化知识。其中，本体性知识，即特定学科及相关知识，是教学活动的基础；条件性知识，即认识教育对象、开展教育活动和研究所需的教育科学知识和技能，如教育原理、心理学、教学论、学习论、班级管理、现代教育技术等；实践性知识，即课堂情境知识，体现教师个人的教学技巧、教育智慧和教学风格，如导入、强化、发问、课堂管理、沟通与表达、结果等技巧。

专业能力的提高：教师的专业能力是教师综合素质最突出的外在表现，也是评价教师专业性的核心因素。这种专业能力可分为教学技巧和教学能力两个方面。教师常用的教学技巧主要有导入技巧、提问技巧、强化技巧、变化刺激技巧、沟通技巧、教学手段运用的技巧及结束的技巧等。教师的教学能力主要包括设计教育教学活动的能力、教学实施的能力、教学组织管理能力、语言表达能力、学生评价能力、课程开发与设计能力、自我反思与教育教学研究能力等。

教师的专业人格：教师的专业人格是教师在教育教学工作中所必须具有的道德品质方面的自我修养，诚实正直、善良宽容、公正严格是教师专业人格的重要内容。诚实正直是做人的根本，善良宽容是对学生的爱，公正严格是出于教师的责任。学高为师，身正为范，才能赢得学生的信任和尊重，使学生心悦诚服，在潜移默化中影响学生的成长。

专业态度和专业动机的完善：教师专业态度和专业动机是教师专业活动的动力基础。教师在这两个方面的发展主要表现在教师的专业理想、对职业的态度、工作积极性高低以及职业满意度等。从我国当前的情况来看，很多人从事教师职业都是考虑到教师的社会地位以及教师的工作特点（假期长）等方面。但是，如果以此为从事教师专业的动机基础就不利于激励自身更加投入地工作，也不利于产生较高层次的职业满意度。

教师专业发展的阶段：刚刚踏上教学工作岗位的教师，虽然经过了在职的专业训练并获得了合格的教师资格证书，但这并不意味着他就是一个成熟的教育教学专业人员，他还要随着教学工作经历的延续、经验的积累、知识的更新及不断地反思才能逐渐达到专业的成熟。在教师的专业发展过程中，存在着不同的发展阶段，面对着不同的发展问题，这些问题的不断解决推动着教师专业的不断发展。

教师职业专业化的条件（教师的专业素养）：国家实行教师资格制度，中国公民凡遵守宪法和法律，具有良好的思想品德，具有教师法所规定的学历或经国家教师资格考试合格，有教育能力，经认定合格的，可以取得教师资格。但一名教师是否真正具备从事教师的职业条件，能否正确履行教师角色，根本上还在于教师的专业素养。

教师专业发展的主要途径和措施：

第一，教师专业发展的主要途径。

师范教育：这是师范生进行专业准备与学习，初步形成教师职业所需要的知识与能力的关键时期，是教师专业发展的起始和奠基阶段。

入职培训：为了让新教师尽快进入角色，新教师的任职学校应当采取及时有效的支持性措施，帮助新入职教师实现角色转换。

在职培训：为了适应教育改革和发展的需要，为在职教师提供的继续教育。主要采取"理论学习、尝试实践、反省探究"三结合的方式，培养教师研究教育现象、教育问题的意识和能力。

自我教育：这是教师个体专业化发展最直接、最普遍的途径。教师自我教育的方式主要有自我反思、主动收集教改信息、研究教育教学中的各种关键事件、自学现代教育教学理论、积极感受教学的成功与失败等。教师的专业自我教育是专业理想确立、专业情感积淀、专业技能提高、专业风格形成的关键。

此外，跨校合作（比如教师专业发展学校）、专家指导（比如讲座、报告）、政府教育部门和教研机构组织的各类专业培训和交流活动等也是教师专业发展的途径。

教师专业化的实现不是一朝一夕的事情。需要社会和个人的共同努力。

第二，教师专业发展的措施。

加强师德修养，不断完善人格特征。首先，教师不仅是知识的传递者，还是道德的引导者，思想的启迪者，心灵世界的开拓者，情感、意志、信念的塑造者。因此，作为教师必须具有良好的职业道德、高尚的师德情操和完善的人格。儿童、青少年学生正处于长身体、学知识、立德志的重要时期，他们的模仿性强、可塑性大。教师是他们直接交往的对象，教师的一言一行，对学生思想品德的形成都起着潜移默化的教育作用。其次，教师高尚的道德思想观念对学生有着积极导向的作用，能帮助学生提高道德认识；教师积极的道德情感富于感染力，可以引起学生情绪和情感上的共鸣，从而形成丰富的道德情感和健康情绪；教师坚毅的道德意志，对学生有巨大的激励作用，能增强学生克服困难的信心与力量，鼓舞学生锻炼坚定的意志和顽强的毅力；教师高尚的道德行为，对学生有直接的示范作用，指导学生选择正确的道德行为，培养学生良好的道德行为习惯。最后，教师是学生道德的启蒙者和塑造者，大量教育实践证明，教师的职业道德本身就是一种巨大的教育力量。因此，作为教师要认真学习"教师职业道德"规范，提高自身的职业道德水平，这不仅是实际工作的需要，也是教师专业发展的内在需要。

善于学习，努力掌握先进的专业知识。首先，对于一个优秀的教师来说，需要形成先进的教师专业知识。教师知识除了学科知识和教学知识以外，还包括课程知识、学习者知识、教学环境知识、自身知识和有关当代科学与人文方面的基本知识等，这些构成了教师完整的知识结构。那么在教师的知识结构中，到底哪一方面知识最有核心地位，最能体现教师专业性质呢？应该是学科教学知识。因此一个优秀的教师，必须具有最新的学科教学知识。学科知识和学科教学知识是不同的两个层面，所谓学科知识，是由纸笔测验的成绩得来的，测出的只是教师对某些事实的记忆；而学科教学知识则由准备教案与评价、确认学生的个别差异、理解教学管理与教育政策等内容组成。学科教学知识是一种可教性的学科知识，它包含在各学科中，具体表现为如何以最佳方式呈现特定的主题，如模拟、图解、举例、解释和示范；还表现为教师对学生学习该主题前的情况和困难的了解，以及帮助纠正学生的错误策略等。其次，教师知识可分为七类知识：学科知识、一般教学法知识、课程知识、学科教学知识、学习者及其特点知识、教育背景知识、教育目标、目的和价值及其哲学和历史背景的知识。他明确指出，学科教学知识就是教师面对特定问题进行有效呈现和解释的知识，它是前述七类知识的核心。

综上所述，形成一个优秀的教师团队，除了团队成员具有扎实的学科知识外，还要培育学科教学知识，而学科教学知识正是现代教师所缺乏的一种知识，因此，它也是优秀教师团队形成的一个重要条件。

第三，勤于反思，做一个"学者型"教师。

教师的自我反思是指教师在教育教学实践中，对自我行为表现的定位剖析和修正，进而不断提高自身教育教学效能和素养的过程。自我反思包括审视和内省。审视的对象是教育的外部环境、外部文化、教育主体；内省的对象是自身的教育行为、教育观念、教育视界。

美教师成长发展的公式：成长＝经验+反思。反思是教师专业化发展的决定性因素，也是教师专业发展最普遍最直接的途径，它不受时间、空间的限制，只要你是一个对教育教学充满热情的有心人，反思时时刻刻都可以发生，在自己的脑海中发生，在与同事的交流中发生。每一个教师都可以在反思中发现，在发现中改进，在反思中提高。我们相信，每一个教师经过审视与内省，将会实现"自我超越"。

一个善于对自己的行为或观念经常反思质疑的教师才能得到较快的专业发展，在学习教育理论及他人经验后，要写心得、体会，反思自己的教学实践；课后，要写教学后记，反思课堂教学得失；考试结束后，要写考后反思，思考成功与不足等。以研究者的眼光，对自己的教育教学实践和身边发生的教育教学现象进行审视、反思、分析、探究（反思的记录就是很好的科研札记），这样可以将教师日常的教学工作和教学研究融为一体。教导处要求教师把每一堂课的教学后记写在教案后面，并在教案中增置"教学反思"的栏目。

教师不仅要反思自己的言语、行动，而且要反思自己的经验和思想。面对各种新的教育思想、资源、手段和方法，教师不能简单地拿来就用，而要进行科学分析，结合学校和班级的实际情况及自身优势，改进自己的教育教学。

可以说，"反思"旗帜鲜明地指引着教师在课堂教学中的行为与理念。反思是一种教师自我造就、自我发展的极好方法。一个教师的专业发展如何，跟一个教师是否重视反思和研究有很大关系。在一线工作的教师，经历的实践大致相同，专业成长快的教师就是多了一份反思，多了一份研究，因此，反思和研究应该成为教师的一种工作方式。

勤于研究，参与教学研究。一个教师从踏上工作岗位以后，要使自己的专业得到发展，就要确定一个发展目标。可分为两个方面：一是职称方面的，从试用期到二级教师到一级教师到高级教师、特级教师，要给自己制订一个计划，分阶段建立目标。二是学术称号方面的，教学新秀、教学能手、学科带头人、名教师，这些学术称号不是轻易可以获得的，每一个称号代表着一定的专业化水平，教师给自己制订一个奋斗计划，自找压力，分阶段实现。当有目标以后，教师就会自我奋斗、自我造就，最后实现自我发展。

（2）学生

①学生的特点

1）学生的传统特点

学生是教育的对象（客体）。学生是教育的对象的依据：第一，从教师方面看，教师是教育过程的组织者、领导者；学生是教师教育实践活动的作用对象，是被教育者、被组织者和被领导者。第二，从学生自身特点看，学生具有塑性、依赖性和向师性。

学生是教育对象的表现：第一，学生具有可塑性。学生处于长知识、长身体的时期，也是他们的品德、人格正在形成的时期，各方面尚未成熟，具有很大的发展潜力，而且尚未定型，极容易受外部环境因素的影响，具有"染于苍则苍，染于黄则黄"的特点。第二，学生具有依赖性。学生多属未成年人，还不具备完全独立生活的能力。在家里，他们要依赖父母；入学后，他们将对父母的依赖心理转为对教师的依赖心理。第三，学生具有向师性。学生入学后，会自然地亲近、信赖、尊敬甚至崇拜教师，把教师作为获取知识的智囊、解决问题的顾问、行为举止的楷模。

学生是教育的对象。具体体现在两个方面：学生明确自己的主要任务是学习，具有愿意接受教育的心理倾向；学生服从教师的指导，接受教师的帮助，期待从教师那里汲取营养，促进自身的身心发展。

学生是自我教育和发展的主体。学生是自我教育和发展主体的依据：第一，学生是具有主观能动性的人。学生是有意识、有情感、有个性的社会人，他们不是盲目、机械、被动地接受作用于他们的影响，而是具有主观能动性的人。第二，学生在接受教育的过程中，也具有一定素质，可以进行自我教育。

学生主观能动性的表现。学生的主观能动性主要表现在以下几个方面：第一，独立性。每个学生都是一个自组织系统，一个独立的物质实体。承认学生的独立性是发挥学生主体性的前提条件，承认独立性也就承认了学生发展过程的多途性、发展方式的多样性和发展结果的差异性。第二，选择性。是指学生在教育过程中可以在多种目标、多种活动中进行抉择的特点。学生对教学的影响不是无条件地接受，不是盲目地模仿，而总是根据主体的条件（愿望、态度、能力等）来进行选择。不过，选择效果如何，还依赖于学生已有的主体能力和环境提供的支持度。第三，调控性。学生可以对自己的学习活动进行有目的的调整和控制，如学习困难时，激励自己；取得成绩时，告诫自己不要骄傲；学习目标不恰当时，及时调整修正；对学习过程进行自我监控等。第四，创造性。是指学生在教育活动中可以超越教师的认识，超越时代的认识与实践局限，科学地提出不同的观点、看法，并创造具有成效的学习方法。创造性是主体性的最高表现形式。第五，自我意识性。即学生作为主体对自己的状态及在教育中的地位、作用、情感、态度、行为等的自我认知。主体认识自己越全面越客观，主体性就可能越强；反之，自我认知的水平低，自我调控能力就可能差，自我创造和自我实现的可能性就小。

学生是发展中的人。学生不是成人，他们正处于身心发展最迅速的时期，生理和心理两方面都不太成熟，具有很大的发展可能性与可塑性。学生是发展中的人，包括四层含义：

第一，学生具有和成人不同的身心发展特点；

第二，学生具有发展的巨大潜在可能性；

第三，学生具有发展的需要；

第四，学生具有获得成人教育关怀的需要。

2）现代学生的特点

确认识学生的本质特征，树立理想学生观，不仅是教育理论的重要问题，也是教育实践的重要问题。教师只有准确把握理想学生观的内涵，并有效运用于教育实践之中，才能明确教育的价值取向。随着信息社会的到来，这个时代所需的理想学生观也必然带有这个时代的特点。因此，我们要遵循时代的要求，从社会和人的发展需要出发来建构现代学生观的理论体系。对此，我们可以将现代学生的基本特点表述为主体性学生观、发展性学生观、完整性学生观、个性化学生观。

②以人为本的学生观

以人为本的内涵：所谓"以人为本"，其基本含义是：它是一种对人的主体作用与地位的肯定，强调人在社会历史发展中的主体作用与目的地位；它是一种价值取向，强调尊重人、解放人、依靠人和为了人；它是一种思维方式，就是在分析和解决一切问题时，既要坚持历史的尺度，也要坚持人的尺度，在教育教学活动中做到以学生的全面发展为本。

我们需要围绕这个基本含义，进一步从哲学层面深入挖掘以人为本的具体内涵。以人为本是一个关系概念。人主要处在四层基本关系中：人与自然的关系、人与社会的关系、人与人的关系、人与组织的关系。我们可以从以下四个层面的关系中具体解读以人为本的完整内涵。

第一，在人和自然的关系上，以人为本就是不断提高人的生活质量，增强可持续发展能力，即保持人类赖以生存的生态环境具有良好的循环能力。

第二，在人和社会的关系上，以人为本就是既要让社会成果惠及全体人民，不断促进人的全面发展，又要积极为劳动者提供充分发挥其聪明才智的社会环境。

第三，在人和人的关系上，就是强调公正，不断实现人们之间的和谐发展，既要尊重贫困群体的基本需求、合法权益和独立人格，也要尊重精英群体的能力和贡献，为他们进一步创业提供良好的人际环境。

第四，在人和组织的关系上，就是各级组织既要注重解放人和开发人，为人的发展提供平等的机会与舞台、政策与规则、管理与服务，又要努力做到使人们各得其所。

以人为本的学生观：

首先，学生是发展中的人，要用发展的观点认识学生。人们经常用僵化的眼光来看待学生。现代科学研究的成果与教育的价值追求，要求人们用发展的眼光来认识和看待学生。学生的身心发展是有规律的：学生的身心发展具有顺序性、阶段性、不平衡性、互补性、个别差异性等规律，这些是经过现代科学和教育实践证实的。认识并遵循这些规律，是做好教育工作的前提。学生身心发展的规律，客观上要求教师应依据身心发展的规律和特点来开展教育活动。学生具有巨大的发展潜能：实际工作中，许多人往往从学生的现实表现推断学生有没有出息，有没有潜力。不少人坚持僵化的潜能观，认为学生的智能水平是先天决定的，教育对此无能为力。其实，学生具有巨大的发展潜能，智力水平可以明显提高，这已为科学研究如裂脑研究、左右脑研究等所证实。学生是处于发展过程中的人：第一，作为发展中的人，意味着学生还是不成熟的人，是一个正在成长的人。在教育实践中，人们往往忽视学生正在成长的特点而要求学生十全十美，求全责备。其实，作为发展中的人，学生的不完善是正常的，而十全十美并不符合实际。没有缺陷，就没有发展的动力和方向。第二，把学生作为发展中的人来对待，就要理解学生身上存在的不足，就要允许学生犯错误。当然，更重要的是要帮助学生解决问题，改正错误，从而不断促进学生的进步和发展。学生的发展是全面的发展：第一，传统教育重视智力教育，把系统知识的传授放在学校教育工作的中心位置，造成了学生的片面发展，导致走出校门的学生缺乏社会适应能力。现代学生观则强调，当今社会，单纯的智育或者智育占绝对主导地位的教育，已经无法满足社会的需要。第二，教师在教育教学实践中，不仅要重视"知识与技能"的传授，更要看到"过程与方法""情感态度与价值观"的重要性，把学生培养成全面发展的人。

其次，学生是独特的人。

把学生看成是独特的人，包含以下三个基本含义。

学生是完整的人：学生并不是单纯的抽象的学习者，而是有着丰富个性的完整的人。

学习过程并不是单纯的知识接受或技能训练，而是伴随着交往、创造、追求、选择、意志努力、喜怒哀乐等的综合过程，是学生整个内心世界全面参与。如果不从人的整体性上来理解和对待学生，那么，教育措施就容易脱离学生的实际，教育活动也难以取得预期的效果。

每个学生都有自身的独特性：第一，每个人由于遗传素质、社会环境、家庭条件和生活经历的不同，而形成了个人独特的心理世界，他们在兴趣、爱好、动机、气质、性格、智能和特长等方面各不相同。第二，独特性是个性的本质特征，珍视学生的独特性和培养具有独特个性的人，应成为我们对待学生的基本态度。第三，独特性也意味着差异性，差异不仅是教育的基础，也是学生发展的前提，应视之为一种财富而珍惜开发，使每个学生在原有基础都得到完全、自由的发展。

学生与成人之间存在着巨大的差异：学生和成人之间是存在很大差别的，学生的观察、思考、选择和体验，都和成人有明显的不同，"应当把成人看作成人，把孩子看作孩子"。

现在的学生视野开阔，思想开放，讲究情趣，对外界事物反应迅速而敏感，追求新意和时髦，再用上一代的观念和行为准则来约束他们，很难取得预期的效果。只有摒弃传统的"小大人"观念，承认并正视现代学生的群体特征，认真研究现代学生的特点，采取积极引导措施，才能有效地和学生沟通，得到他们的认同和配合，从而达到教育和影响他们的目的。

最后，学生是具有独立意义的人。

把学生看成是具有独立意义的人，包含以下三个基本含义。

每个学生都是独立的：学生既不是教师的四肢，可以由教师随意支配；也不是泥土或石膏，可以由教师任意捏塑。因此，绝不是教师想让学生怎么样，学生就怎么样。教师要想使学生接受自己的教导，首先就要把学生当作不以自己的意志为转移的客观存在，当作具有独立性的人来看待，使自己的教育和教学适应学生的情况、条件、要求和思想认识的发展规律。教师不但不能把自己的意志强加给学生，而且连自己的知识也是不能强加给学生的。因为这样并没有尊重学生的主观能动性，只会挫伤学生的主动性、积极性，扼杀他们的学习兴趣，窒息他们的思想，引起他们自觉或不自觉地抵制或抗拒。

学生是学习的主体：①每个学生都有自己的感官、头脑、性格、知识和思想，正如每个人都只能用自己的器官吸收物质营养一样，学生也只能用自己的器官吸收精神营养。教师不可能代替学生读书，不可能代替学生感知、观察与分析，更不可能代替学生掌握规律。因而，学生是学习的主体。②教师主导对学生客体的教育与改造，只是学生发展的外部条件和外因，学生的主体活动才是学生获得发展的内在机制和内因，这表现为以下几点：第一，学生是具有一定主体性的人。学生作为各种学习活动的发起者、行动者、作用者，其前提是他首先要有一定的主体性，这是他作为主体的基本条件。第二，学生是学习活动的主体。学生是学习活动的主体，学习活动是学生的主体活动。第三，教学过程在于建构学生主体地位。学生虽然具有一定的主体性，但就其程度而言比较低，就其范围而言比较狭窄。在教学中，学生主体相对于教师主体来说，诸多方面的力量都显得十分微弱。因此，教师要发挥主导作用，努力建构学生的主体地位。

学生是责权主体：第一，从法律角度看，在现代社会，学生在社会系统中享受各项基本权利，有些甚至是特定的。但同时，学生也要承担一定的责任和义务。把学生作为责权主体来对待，是现代教育区别于古代教育的重要特征，是教育民主的重要标志。第二，在教育实践中，一方面，我们要承认学生的权利主体地位，学校和教师要保护学生的合法权利；另一方面，学校负有对学生进行教育和管理的责任，必然要对学生的权利有所制约。如何既尊重和保护学生的权利，同时又能对学生实施有效的管理，担负起学校教育人、塑造人的责任，是教育管理上的重要问题。这一矛盾的实质是学生权利的自由与限制的问题。

③认识学生的权利和义务是处理好师生关系的前提

1）确立的学生地位

维护青少年儿童的社会权利主体地位。强调儿童作为社会的未来和人类的希望，有着独立的社会地位和需要社会予以保障的权利。体现这一精神的基本原则是：第一，儿童权益最佳原则；第二，尊重儿童尊严原则；第三，尊重儿童观点与意见原则；第四，无歧视原则。

我国对中小学生地位的界定是：在国家法律认可的各级各类学校里接受教育的未成年的社会公民。

2）学生的权利

生存的权利：父母有抚养未成年子女的义务，父母或其他监护人应当依法履行对未成年人的监护职责和抚养义务，不得虐待、遗弃未成年人；不得歧视女性未成年人或者有残疾的未成年人；禁止溺婴、弃婴。

受教育的权利：国家培养青年、少年、儿童在品德、智力、体质等方面全面发展。国家、社会、学校和家庭依法保障适龄儿童、少年接受义务教育的权利。凡年满6周岁的儿童，不分性别、民族、种族，应当入学接受规定年限的义务教育。

父母或者其他监护人应当尊重未成年人接受教育的权利，必须使适龄未成年人按照规定接受义务教育，不得使在校接受义务教育的未成年人辍学。学校应当尊重未成年人的受教育权，不得随意开除未成年学生。

获得物质保障的权利：为了使学生顺利完成学业，国家有关法律法规对需要救济和奖励的学生获取物质保障的权利都做出了规定。据此国家建立了奖学金、贷学金和助学金制度。普通高等学校和中等专业学校学生有获得奖学金的权利。奖学金分三类，学生可根据条件申请不同类型、不同等级的奖学金：德智体方面全面发展、品学兼优的学生可获得优秀学生奖学金；考入师范、农林、体育、民族、航海等专业的学生均有权享受专业奖学金；立志毕业到边疆地区、经济贫困地区和自愿从事煤炭、矿业、石油、地质、水利等艰苦行业的学生，可按有关规定申请定向奖学金。经济确有困难、学习努力、遵守国家法律和学校纪律的学生，均有权提出贷款申请，以解决在校期间的生活费用。国家设立助学金，帮助贫困学生就学。贫困学生包括初级中等学校、特殊教育学校经济困难的学生，少数民族居住地区、经济困难地区、边远地区的小学及其他寄宿小学的家庭经济困难的学生，有权按照省级人民政府制定的实行助学金制度的具体办法申请享受助学金。

获得公正评价的权利：这项权利包括获得公正考评和学业证书两个方面。

首先，学生有权利获得公正考评。教育及其管理部门要严格执行国家的教育方针政策和法规，对每个学生的学业成绩和品行一视同仁地做出公正考评。学业成绩考评是教育机构对学生在某一阶段的学习情况、知识结构能力水平的概况性鉴定，包括课程考试成绩记录、平时学习情况和总评。品行考评是对学生的思想品德和行为表现做出的鉴定，包括政治觉悟、道德品质、劳动态度等的考评。

其次，学生有获得相应学业证书的权利。学业证书是对学生某一阶段学业成绩、学术水平和品行道德终结性评定，对学生的升学、就业和今后的发展具有重要的作用。学生在思想品德方面合格的情况下，学完或提前学完教育教学计划规定的全部课程，经考核及格或修满学分，均有获得相应学业证书的权利，如毕业证、结业证、肄业证、学位证和其他写实性学业证书。

获得尊重的权利：学校、幼儿园的教职员应当尊重未成年人的人格尊严，不得对未成年学生和儿童实行体罚、变相体罚或者其他污辱人格尊严的行为。任何组织和个人不得披露未成年人的个人隐私。对未成年人的信件，任何组织和个人不得隐匿、毁弃，除对无行为能力的未成年人的信件由父母或其他监护人代为开拆外，任何组织或个人不得开拆。国家依法保护未成年人的智力成果和荣誉权不受侵犯。

获取安全的权利：学校不得使未成年学生在危及人身安全、健康的校舍和其他教育教学设施中活动。严禁任何组织和个人向未成年人出售、出租或者以其他方式传播毒害未成年人的图书、报刊、音像制品。任何人不得在中小学、幼儿园、托儿所的教室、寝室、活动室和其他未成年人集中活动的室内吸烟。

申请法律救济的权利：这是公民的申诉权和诉讼权在学生身上的具体体现。根据我国法律规定，学生对学校、教师侵害其人身权、财产权等合法权利有提起申诉的权利。学生享有的诉讼权利可分为四种情况：教师侵害其受教育权可以提起诉讼；学校侵犯其合法财产权可以提起诉讼；学校侵犯其人身权可以提起诉讼；学校侵犯其知识产权可以提起诉讼。

除了诉讼权外，学生还有申诉权。学生对上述学校、教师侵犯其权利而不在诉讼范围内的，有权向司法和行政部门提起申诉。

3）我国法律要求学生承担的义务

学生的义务是指学生依据教育法及其他有关法律、法规，在参加教育活动中必须履行的义务。依据学生就读学校的类别和年龄不同，学生的具体义务也不同，各级各类学校及其他教育机构的学生的基本义务包括五个方面。

遵守法律、法规的义务：学生是国家公民的一员，和其他公民一样遵守法律、法规是一项基本要求。任何公民享有宪法和法律规定的权利，同时必须履行宪法和法律规定的义务。遵守法律和法规的义务对学生来说，还要强调遵守教育法律和法规。我国已颁布和施行了《教育法》《学位条例》《义务教育法》《教师法》《职业教育法》《高等教育法》等有关教育的法律，以及《扫除文盲工作条例》《高等教育自学考试暂行条例》《全国中小学勤工俭学暂行工作条例》《学校体育工作条例》《学校卫生工作条例》《残疾人教育条例》等教育行政法规。此外，国务院教育行政部门单独或与其他部委联合制定、施行了若干有关教育的规章，地方立法机关也依法制定了大量有关教育的规章。这些法律、法规和规章都涉及学生的权利和义务。学生作为最广泛的法律关系主体，必须同教育者一起知法和守法。

遵守学生行为规范的义务：学生行为规范主要是指国家教育行政部门制定、颁发的关于学生行为准则的统一规定，包括《小学生日常行为规范》《中学生日常行为规范》《高等学校学生行为准则》以及《小学生守则》《中学生守则》《高等学校学生守则》等。这些规章集中体现了国家对不同教育阶段的学生的政治、思想、品德等方面的基本要求，各级各类学校的学生应当遵守相应的行为规范，养成良好的思想品德和行为习惯。

遵守学校管理制度的义务：学校管理制度是国家教育管理制度的重要组成部分，是确保学校教育教学活动正常有序进行的基本措施，也是国家为实现教育权而赋予学校制定的必要纪律，是国家法律、法规的具体化。遵守学校的管理制度与遵守国家法律、法规在实质上是一致的。各级各类学校管理制度不同，但一般主要有四方面的内容：第一，思想政治教育管理制度；第二，教学管理制度；第三，学籍管理制度，包括入学注册和成绩考核、登记，对升级、留级、转学、复学、休学、退学的处理，考勤、奖惩、毕业资格审查等管理规定；第四，体育管理、卫生管理、图书仪器管理、校园及宿舍管理等方面的制度。

努力完成学业的义务：学习科学文化知识，完成规定的学业，使自己成为全面发展的社会主义建设者和接班人，是学生的首要任务，也是学生区别于其他公民的一项主要义务。对义务教育阶段的学生来说，这种义务是强迫的，具有强制性。对于非义务教育阶段的学生来说，这是自愿入学在享用受教育权利的同时应承担的义务。履行完成学业的义务是学生享有获得学业证书的权利的前提。

尊重师长的义务：尊重师长是我国的传统美德，是现代社会文明的标志，也是学生的基本义务。因为在教育活动中，教师是文化知识的传播者，承担着教书育人、培养社会主义事业建设者和接班人的使命，理应受到学生和全社会的尊重。对学生而言，也要自觉养成尊重师长的道德品质，服从师长的管教，协调与师长的关系，维护学校正常的教学秩序。

4）男女学生在法律中的平等地位

由于受社会、历史、传统观念、性别差异等因素的影响，与男生相比，女生的权利容易受到损害，成为社会中相对脆弱的群体。尤其在受教育方面，女子不易得到与男子同等的机会，致使女子作为公民的平等受教育权往往难以实现。为此，我国法律做出了许多保护性的规定。公民在法律面前一律平等，任何公民享有宪法和法律规定的权利。国家保障女子享有同男子平等的文化教育权。凡年满6周岁（或7周岁）的儿童，不分性别都有权接受义务教育，而政府、社会学校应针对适龄女性儿童少年就学存在的实际困难，采取有效措施，保障适龄女性儿童少年受完当地规定年限的义务教育。学校应当根据女性儿童少年的特点，在教育、管理、设施等方面采取措施，保障女性青少年身心健康发展。

依照法律、法规不得擅自提高对女性的标准规定，应当录用而拒绝录用妇女或者对妇女提高录用条件的或在入学、升学、毕业分配、授予学位、派出留学等方面违反男女平等原则，侵害妇女合法权益的，可以申诉或控告。侵害妇女合法者所在单位或其上级机关应责令其改正，并根据具体情况对直接责任给予行政处分。侵害妇女合法权益造成财产损失或其他损害的，应当依法赔偿或承担其他民事责任。另外，该法还要求各级人民政府应当依照规定把扫除妇女中的文盲、半文盲纳入扫盲和扫盲后的继续教育规划，采取符合妇女特点的组织形式和工作方法，组织、监督有关部门具体实施。各级人民政府和有关部门应当采取措施，组织妇女接受职业教育和技术培训。这些规定是实现男女平等受教育权的法律依据和保障，需要执法部门、社会组织和全体公民遵守履行。

（3）师生关系

师生关系是指教师和学生在教育教学活动中结成的相互关系，包括彼此所处的地位、作用和相互对待的态度。师生关系是教育活动过程中人与人关系中最基本、最重要的关系。良好的师生关系是教育教学活动取得成功的必要保证。

①我国社会主义学校师生关系的基本要求

我国学校中的师生关系，是建立在社会主义制度基础上的，应该是我国社会民主平等、团结互助的新型人际关系的反映。

1）社会关系：民主平等

我国是以公有制为基础的社会主义国家。我国的教师和学生，虽然在学校教育的组织系统中扮演着不同的社会角色，教师是教育者，学生是受教育者，但是他们都是为了建设社会主义国家这个共同的目标而完成各自的教学和学习任务，他们在政治上和人格上是平等的。教师借助于传授知识而培养受教育者，但教师和学生在真理面前是平等的。对我国中小学师生关系类型的分析研究表明，对立型、依赖型、自由放任型的师生关系下的教育教学效果，远不如民主平等型师生关系下的教育教学效果好。社会主义学校师生的民主平等关系，要求教师对学生负有教育管理的职责，学生要听从教师的教导。但也要求教师要向学生学习，认真接受学生提出的合理意见和要求。

民主平等不仅是现代社会民主化趋势的需要，也是教学生活的人文性的直接要求和现代人格的具体体现。它要求教师理解学生，发挥非权力性影响，并一视同仁地与所有学生交往，善于倾听不同意见；同时也要求学生正确表达自己的思想和行为，学会合作和共同学习。

2）人际关系：尊师爱生

学生对教师尊敬信赖，教师对学生关心热爱，是社会主义新型师生关系的重要特征。学生是国家的未来，民族的希望，关心爱护学生是期望他们承担起建设社会主义的重任。

教师把爱的高尚情感投给所有学生，期望所有学生都能成长。学生对教师的尊敬和信赖随学生年龄和学识的增长而变化，小学生以教师对自己的态度为依据，中学生对教师的尊敬和信赖主要依据教师的学识和人格。爱生是尊师的基础，尊师是爱生的结果。教师是教育者，教师在建立尊师爱生新型师生关系中起主导作用。

现代教育中的"尊师爱生"不是封建等级关系、政治连带关系、伦理依附关系，而是师生交往与沟通的情感基础、道德基础，其目的主要是相互配合与合作，顺利开展教育活动。

尊师就是尊重教师，尊重教师的劳动和教师的人格与尊严，对教师要有礼貌，了解和认识教师工作的意义，理解教师的意愿和心情，主动支持和协助教师工作，虚心接受教师的指导；爱生就是爱护学生，爱护学生是教师热爱教育事业的重要体现，是教师对学生进行教育的感情基础，是教师的基本道德要求，也是培养学生热爱他人、热爱集体的道德情感基础。

尊师与爱生是相互促进的两个方面：教师通过对学生的尊重和关爱换取学生发自内心的尊敬和信赖，而这种尊敬和信赖又可激发教师更加努力地工作，为学生营造良好的心理气氛和学习条件。爱生是尊师的重要前提，尊师是爱生的必然结果。

3）心理关系：心理相容

广义的心理相容是群体成员在心理和行为上的彼此协调一致与谅解。它是群体人际关系的重要心理成分，是群体团结的心理特征。从师生之间人际关系的角度看，师生心理相容是指教师和学生集体之间、和学生个人之间，在心理上彼此协调一致，并相互接纳。心理相容以群体共同活动为中介，以成员彼此对共同活动的动机与价值观的一致为前提。教师与学生之间虽然文化水平不同，但教师和学生的社会目标和根本利益是一致的，在教师教导下学生集体与个人和教师的动机与价值观念也能达到某种一致。在社会主义学校里，师生之间的心理相容，是以教师教育活动为中介，使师生彼此相互了解，观点、信念、价值观达到一致的结果。师生之间动机与价值观达到一致，教师的行动就会引起学生集体和个人的相应行动，并得到学生集体和个人的肯定。心理相容造成的师生之间融洽的气氛，对维系正常的师生关系起着重大的情感作用，对维持学校秩序，保证教育教学任务的完成起着重大作用。

狭义的心理相容指的是教师与学生之间在心理上协调一致，在教学实施过程中表现为师生关系密切、情感融洽、平等合作。在教学过程中，师生的心理情感总是伴随着认识、态度、情绪、言行等的相互体验而形成亲密或排斥的心理状态。不同的情绪反应对学生课堂参与的积极性和学习效率起着重大影响。在日常的教学过程中可以看到，学生对所学各门课程是有不同感情的，它影响着学生注意力和时间的分配，导致学生各门课程学习的不平衡，这都可以从师生心理关系、情感等因素上找到原因。

教学中会出现师生心理障碍，要消除这种心理障碍，增强师生之间的心理相容性，提高教学效果，应该着重在三个方面努力：第一，多接触学生，研究学生，了解学生的心理状态。第二，遵循教育规律，多采取讨论、启发等教学方法。第三，为人师表，以人格力量感化学生。

4）教育关系：教学相长

教育教学是师生双边活动的过程。在师生共同参与的教育活动中，双方存在着相互促进、彼此推动的关系。因为知识学问的掌握不能单靠教师的传递，还要靠学生自己的领悟、体验。教师的作用只是做学生掌握知识的领路人，提高觉悟的启迪者，教师不应该也不可能代替学生自己的学习与思考。教师必须根据来自学生的反馈信息，调整教育计划与措施，这就促进了教师的提高。

知识学问是广阔无垠的，一个教师对某个知识本质可能把握得较好，但学生的领悟和体验也可能更适合自己的经验和水平，甚至能更好地理解知识。教师尽管闻道在先，但并非尽知天下事。因此，教师就更加需要了解自己的学生，从学生中汲取智慧。

教学相长包括三层含义：①教师的教可以促进学生的学；②教师可以向学生学习；③学生可以超越教师。

②师生关系的具体表现

师生关系主要指师生之间在教育过程中所发生的直接交往和联系，包括为完成教育任务而形成的工作关系，为交往而形成的人际关系，以组织结构形式表现的组织关系，以情感认识等为表现形式的心理关系。师生之间的现实关系是不断变化和丰富多样的，可以从不同的层面进行划分，主要表现为社会关系、教育关系、心理关系、工作关系和伦理关系。

平等的社会关系：平等的社会关系是人与人的各种社会关系在教育教学中的反映。主要表现为师生之间存在的代际关系、政治关系、文化的授受关系、道德关系以及法律关系。

尊重与被尊重的伦理关系（人际关系）：师生之间的伦理关系是指在教育教学活动中，教师与学生构成一个特殊的道德共同体，各自承担一定的伦理责任，履行一定的伦理义务。这种关系是师生关系体系中最高层次的关系形式，对其他关系形式具有约束和规范作用。

爱与被爱的心理关系：师生心理关系的实质是师生个体之间的情感是否融洽、个性是否冲突、人际关系是否和谐。具体体现在：①师生之间的认知关系是师生心理关系的基础；②情感关系是师生心理关系的另一个重要方面。

服务与被服务的工作关系：教师的教服务于学生的学，所以要树立服务学生的意识。

指导与被指导的教育关系：师生之间的教育关系是指教师与学生在教育教学活动中为完成一定的教育任务，以"教"和"学"为中介，以促进学生的整体发展和自主发展为目标而建立的一种工作关系。师生的教育关系是基本关系，其他师生关系皆服务于这一关系。具体表现如下：第一，从教学过程的主体作用来说，教师和学生是教育和被教育的关系。第二，从教育作为一种组织来说，教师和学生共同生活在学校、班级、教室等社群中，构成组织与被组织的关系。第三，从教育活动的展开来说，教师和学生是一种平等的交往关系和对话关系。

③师生关系的内容

师生在教育内容的教学上结成授受关系：第一，从教师与学生的社会角色规定的意义上看，教师是传授者，学生是授受者。第二，学生在教学中主体性的实现，既是教育的目的，也是教育成功的条件。第三，对学生指导、引导的目的是促进学生的自主发展。

师生在人格上是平等的关系：第一，学生作为一个独立的社会个体，在人格上与教师是平等的。第二，教师和学生是一种朋友式的友好帮助关系。

师生在社会道德上是互相促进的关系：第一，教师对成长中的儿童和青少年有着巨大的潜移默化的影响，一位教育工作者的真正威信在于他的人格力量，会对学生产生终身影响。第二，学生不仅对教师的知识水平、教学水平做出反应，对教师的道德水平、精神风貌更会做出反应，并用各种形式表达他们的评价和态度。

④师生关系的基本类型

专制型师生关系：在此类师生关系中，教师教学责任心强，但不讲求方式方法，不注意听取学生的意愿和与学生的协作；学生对教师只能唯命是从，不能发挥独立性和创造性，学习是被动的；师生交往一般缺乏情感因素，难以形成互尊互爱的良好人际关系，甚至会因教师的专断粗暴、简单随意而引起学生的反感、憎恶甚至对抗，造成师生关系的紧张。

放任型师生关系：此类师生关系中，教师缺乏责任心和爱心，学生对教师能力怀疑、失望，对教师的人格议论、轻视。

民主型师生关系：在此类师生关系中，教师能力强、威信高，学生学习积极性高，兴趣广泛、独立思考，和教师配合默契。民主型师生关系来源于教师的民主意识、平等观念以及较高的业务素质和强大的人格力量，这是最理想的师生关系类型。

四、研究意义

开展本研究有一定的理论意义与实际价值。

第一，能够在一定程度上丰富教师专业发展的理论。在多年的实践过程中，名师工作室被证明是培育优秀师资的一种重要形式，成为当前和未来时期开展教师培训的有效途径和创新方法，对促进教师专业发展有着非常积极的意义。本研究通过对名师工作室日常工作和相关活动进行参与式调查，重点探讨如何强化名师工作室建设，以构建更加有效的促进教师专业发展的新机制，从而在一定程度上可以丰富教师专业发展的相关理论。

第二，本研究通过分析名师工作室的运作现状，了解教师在名师工作室中的专业成长变化，提出加强名师工作室建设的建议，可为教育行政部门完善教师发展相关政策提供一定的依据和参考，可以为中小学进一步提升教师专业发展提供实践支持。

第二章 区域名师工作室兴起的背景

一、教育变革重视教师队伍建设

（一）教师队伍建设的一般要素

1. 教师队伍建设的内容

（1）职业教育理念

①是对职业教育定位的认知

职业教育的发展关系到中国未来经济的发展，关系到国家的全球地位，关系到中华民族的未来。职业教师的职业教育理念应提升到国家、民族发展的高度，才能认识到职业教育是一项值得为之奋斗的事业，才能厘清职业教育发展的重要意义，才能明确职业教师的使命。只有这样，职业教师才能做好本职工作，努力为国家的未来培养人才；只有这样，才能做到自觉地学习，加深自身的修养，不断提升职业教育的技能；只有这样，才能在工作中体会到自豪感，体会到阳光下最崇高职业的幸福，达到职业自我认同的境界。

②要关注学生的发展，这是所有教师的天职

为此，职业教师应具有了解与把握职业院校学生心理的能力，具有处理教育实际问题的能力。要教师具有"爱生"之心，加强自身的学习与修养，提升教育技能。要关注学生发展，关注企业的需求，有意识、有目的地在教育教学中引导学生的发展方向。要关注与企业发展有关的科技的最新发展，有能力有条件的教师要深入企业内部，共同研发新产品，站在企业发展的前沿，确保专业知识的前沿性。职业教师必须具有不辍的学习精神和为职业教育、为学生发展鞠躬尽瘁的责任感。

③强化职业道德素养，定位于"阳光下最崇高的职业"

在教学工作中要做到：具有正确的教育理念、良好的职业形象、多元的知识结构、多向的教育交往、完善的能力结构、健康的心理素质。要有敬业乐业精神，勤学进取精神，开拓创新精神，无私奉献精神，负责、参与精神。在对待学生上，要做到爱护学生，尊重其人格，平等相处，促进学生身心发展以及职业技能、素养的提高。

（2）教育教学能力

①职业教育教师的教学能力

职业教育教师的教学能力要以正确的职业教育理念、良好的职业道德素养为依托，相对于普通教育的学生，职业院校的学生有着更丰富的与教师打交道的经验。目前，无可回避的事实是职业院校的学生大都是义务段教育的"差生"，这样的现实定位使得他们在成长过程中接受了更多的教师"关注"，也就比所谓的优秀生对教师有了更深的认知与查微知著的敏感。因而，职业教育教师的师德风范就不能仅仅停留于语言层面，更要真正做到内心认同，外化于言行，才能得到学员的认可，教书育人才有可能性。

②要有开发学生智力、提升学生生命质量的能力

教师的工作不再是单纯地传授知识，要让学生具有自我发展、自我生存的能力。当代学生，个性非常鲜明，但自主能力、意志力相对薄弱。教师必须根据他们的特点因人因材施教，强化天赋教育，开发他们的多元智能，以适应时代对他们的要求。

③教师要有良好的教育能力

要针对不同的教学要求、不同的教育对象，采用课堂切入、艺术引导、互动相长、心灵教育的方法，把教学搞活，把教育搞细，把教育的时代性和前沿性凸显出来。要注重实践，突出施教的实用价值，把最先进的教育理念和方法融入有趣的情境教学中，产生最大的教育效果。

（3）评价体系的构建

教师队伍建设评价体系的确立，可以为教师队伍建设提供评定的依据，找到队伍建设中的症结，完善教育体系的构建。要致力于评价的原则和方法，力求做到科学全面，具有可操作性。

（4）教师队伍建设的方法与途径

高职院校教师队伍建设是一项系统工程。促进教师队伍发展，搞好职业教育，只有以举国之力方可周全。为此从策略上，教师队伍建设应分为三个层面进行：国家的（社会的）、学校的（环境的）和个人的。三者科学结合，形成合力。

国家层面：国家应审慎、周密地规划职业教育的发展，多方论证，制订出科学的方案，保障国外先进职教经验引进过程中的科学性、有效性，适用过程中的高效性。在学习的内容方面应做到：有科学地甄别，深入研究国外职教先进经验的历史发展过程，成因的条件和背景；要系统学习、研究先进国家的教育政策、制度、管理、考核等整套教育体

制。既要培养专业技能方向的人才，也要培养职业教育政策、理论研究人才和职业教育管理人才。

制定出国培训学习的有效机制，选择适当人员，确保学习质量以及报效国家的诚信度。

学校层面：根据国家的相关政策，制定出本单位的学习、培训制度、计划，注意学习、宣传其重要意义，激励教职员工的学习热情，提升教职员工的教育教学能力。要特别注重以下两个方面的问题：第一，学校文化建设。学校文化在组织建设中起到精神引领的作用，潜移默化地向组织成员传递价值观和方法论，使得组织成员自觉调整行为，保持与组织发展目标的一致性，从而有利于组织目标的实现。第二，建立归属感。一方面，归属感是学校中教职员工的心理需求，其生成有赖于学校组织的认同。归属感利于形成教职员工的责任心，实现对学校文化的认同，利于学校发展目标的实现。另一方面，学校在要求教职工完成职责的同时，要关注职工的个人发展需求，帮助个体完成职业发展规划，为其发展提供机会，提升其职业能力，帮助教职员工实现个体发展需求，达成学校发展与教职工个体发展的双赢局面。这将有利于职工增强归属感，有利于学校目标的实现，有利于职业教育师资队伍的建设。第三，个人层面。作为教师，无论从为人师表的责任心，抑或是因时代发展对个体提出的要求，均应认真、不辍地学习，加强自身的教育教学素养。自觉认同学校组织的发展目标，认识到个体的工作与学校发展的关系，加强与其他同事的沟通、配合，与人为善，和谐相处，完成组织角色的要求。这既是组织中个体应尽的义务，也是教师自身发展的需求。在学习内容上，作为职业教育的从业者应充分领会、学习国外先进职教经验的重要意义，系统学习，深入研究，抓住先进经验的精髓；认真研究本地区、本专业职教的特点以及发展要求，积极主动地学习、研究和应用。第四，精神建设。不可否认的事实是，在国家经济转轨的过程中，由于经济利益的冲击，我们的教育蒙受了金钱的铜臭，失去了许多教育该有的神圣与洁净。为此，有必要低下"五千年"文明史的头颅，去求教先进的教育理念，重塑教育之神圣，唤醒掩埋于国人心灵深处的教育灵性，重建我们的心灵家园。第五，物质建设。物质建设的内容涵盖教师队伍建设的原则、机制、评价标准等。

2. 教师队伍建设的影响因素及行动对策

（1）影响因素

国家制度政策层面的影响：说到底，教师队伍建设问题的实质也是人才培养的问题，是关系到企业发展、社会发展，最终影响到国家发展的大事。国家有义务，而且只有国家才能承担如此宏巨的工程——政府牵头，搭出框架，各方出力方有可能实现的工程。

目前，国家对职业教育的发展，特别是职业教师队伍建设问题十分重视。一系列政策正在紧锣密鼓地谋划中，相信会对今后职教队伍的建设起到很好的支撑作用。

经济因素的影响：人才建设离不开经济支撑，物质的投入。关键是在如此诚信度的情况下如何保证物质投入的有效性。

相关认知的发展水平：实践是需要理论去引导的，这样才能高效地产生预期的成果。而认知是需要学习、实践、引领和沟通的。

（2）行动对策

学校的师资队伍建设可以从精神与物质建设两个方面进行相关内容的建设。

①精神建设

强化校史学习：采用同老教师进行座谈等活动，回顾学校的发展历史，宣讲学校发展进程中的辉煌，增强教职工的荣誉感、自豪感和自信心。座谈中可以深入分析辉煌的动因，探索学校发展的历史脉搏，确立教师队伍建设的方向，谋求学校的今后发展。要形成以下共识，即学校的发展需要具备的条件是：国家政策支持，适应社会需求，师资力量雄厚，充分发挥教师的才干，聘请高等学府的优秀教师到校任教，凝聚并续写学校的精神文化。这就要求教师队伍建设，第一，业务上对教师严格要求，提高教育能力，注意表达方式，形成自己的风格。第二，爱护教师、支持教师、培养教师。第三，跟上社会步伐，适应社会需求，学校不断前进。

强化师德风范培训：聘请著名学者和教授围绕"爱心、责任、教学艺术"三个方面做题为"爱心、责任与教学艺术"专题讲座。通过教授语言幽默风趣、深入浅出，不时引用名言警句的讲座，使广大教师更加明确要在教学中践行教学的艺术和方法，实现高效课堂教学，做一名有爱心、负责任、教学得法的教师。

强化青年教师培训：为造就一支德才兼备、富有先进科学理论和创新能力的青年骨干教师队伍，制订了青年骨干教师培养计划，认真组织实施，以促使青年骨干教师快速成长。第一期青年骨干教师培训班的主要培训形式以集中培训、师徒结对、请进来、送出去等形式为主。从实际出发，根据不同情况，多渠道、多层次、多形式地开展培训工作。通过举办培训班、研讨班、学术讲座、教学经验交流、专题研究以及有计划、有组织、有指导、有考核的自学等多种方式，提升青年教师的业务能力。

通过培训要达到以下效果：一是强化学习意识，使"读书"成为青年教师成长的第一需要。青年教师通过读书重塑自己，以书为镜，照自己、感悟自己，无论做什么工作，都要重视小事、关注细节，把小事做细、做透。从而使青年教师能"细中见精""小中见大"，体现了"求真务实"的精神，成为教师提高教学质量、提高管理水平的法宝。二是更新观念，强化教师与时俱进的意识。特别是通过对青年教师的培养，使他们能及时把握教育发展的时代脉搏，增强认识问题、分析问题、解决问题的能力。三是通过经验传递，多"互助"，切实提高青年教师的专业水平，学院通过"师徒结对"等模式，以"老教师"之长补"新教师"之短，促进"新教师"的尽快成长，帮助青年教师积累、总结教学经验和教学成果，提升专业化水平。

强化了学校文化建设：学校文化的核心是学校共同的价值观念、价值判断、价值取向等意识形态，是一个学校本质、个性、精神风貌的集中反映，也就是学校的精神文化。

学校文化建设重在构筑稳定和谐的教育理念，使学校确立核心价值观。和谐的教育理念对学校、对师生具有导向功能、提升功能、凝聚功能、激励功能和稳定功能，是学校持续健康发展的动力。

树立和谐的基本理念，就是着力树立责任意识、尊重意识、规则意识和学习意识。

责任意识就是主人翁意识。每位教师都是学校和社会的主人翁，都应当自觉地行使自身的权利，自觉地履行自身的义务，从而对学校、家庭、社会和自己负责。

规则意识就是具有依照规则规范行为、处理问题的意识。要将规则落实在行动中形成良好习惯，并将良好的习惯延续下去形成学校传统。没有规则，没有对法律、道德等主流价值观的认同，就没有秩序，也就不可能有和谐与稳定。当然，规则应当是经过广泛参与制定的。

尊重意识是学校和谐文化的核心理念。"尊重"，即尊重他人，尊重差异和多样性，尊重环境与资源。

学习意识是要通过学习促进学校文化的形成，促进思想和行为的转变。要推动所有成员具有持续学习的能力，每个人掌握的新知识都能在组织之中共享，做到学习、研究与实践相结合，以学习力提高基本素养，启迪教育智慧，发展创造力，并将人的发展，自我价值的实现和学校的发展，学校价值的实现统一起来，促进团队建设，形成团队精神。

"和谐"是学校文化的内核。要处理好学校和谐的基本关系，以形成保证学校教育持续发展的生态系统，其中最重要的是教育活动与学生发展的和谐；学校内部人际关系的和谐以及学校外部关系的和谐。

教育活动应当坚持动机、过程、效果的统一论，不单纯以结果的愉悦为教育的最高追求；要高度重视学生学习过程中的心理体验，使学生在整个学习过程中保持乐观向上的心态，从而形成学生持续发展的心理动因，并通过过程的积淀最终形成良好的基础素质。

总之，学校内部人际关系的和谐，要做到师生之间的关系——和谐互动，干群之间的关系——和谐互敬，教师之间的关系——和谐互学，学生之间的关系——和谐互助，形成有利于学院生存与发展的生态环境。

②物质建设

建立合理的教师资源配置机制：大学的荣誉不在于其校舍和人数，而在于它一代代教师的质量。教师是高校教学科研活动的主体，具有能动性、再生性及可开发性。要树立"以人为本"的观念，强调人本主义，建立合理的教师资源配置机制。

一是教师在业务能力上要由单一型转向全能型发展，转变高职师资培训理念。如改变培训方式、倡导终身学习等，以终身教育理论为建设高职师资队伍的指导思想。

二是转变高校师资培训投资观念，改变投资渠道，变单纯由学校承担教师培训费用的单一投资模式转为教师个人、学校、政府共同负担培训费用的多元投资模式。

三是转变高校师资队伍素质观念，提倡师资队伍整体素质的全面发展和教师个体素质的提高并重。

完善优秀教师传帮带团队协作机制：建立健全基础学科教学组织，完善青年教师参与教学团队、创新团队的制度。建立完善青年教师职业导师制，对青年教师的教学理念、方法、技能以及职业规划等方面给予指导。健全老中青教师传帮带机制，充分发挥教学名师和优秀教师的示范引领作用，帮助青年教师提升教育教学水平。创新教师教学技能培训模式，组织开展教学观摩、教学能力竞赛等活动，激励和引导青年教师重视教育教学工作。

要进一步加强优秀中青年教师的培养工作，催生优秀的学科带头人，不断提升高校师资队伍的建设水平，更加主动地为高水平的学科建设服务，适应经济发展、社会发展方向。要完善中青年教师教学人才培育计划等措施，创造优秀人才脱颖而出的环境条件；通过支持学历教育、进修学习，整体提升青年教师的学历层次、学院结构；通过给任务、压担子，激发青年教师自我发展、自动提升的危机感、紧迫感。

建立轮岗交流开放用人机制：当前，高等院校中教师队伍管理采取的是一种封闭式管理模式，教师长期处于一种固定的教学环境中，缺少社会间的交流和校际间的人员交流。普遍存在部分教师知识老化，知识结构不甚理想；大部分教师缺乏社会实践经验，工作、生活经历从校门到校门，从书本到书本，授课内容空泛等情况。教师流动是市场运行的必然趋势，有序地进行人才交流，可以做到人尽其才，才尽其用，可以保持教师队伍的生机和活力。这种交流不仅仅是校内教师轮岗交流，同样要吸引社会中有专长、有才干的专业技术干部充实教师队伍。教师队伍应由专职教师、兼职教师、客座教师等多种形式组成；打开大门，从校外聘请有突出成就、学有专长的教授、专家、学者来校参加教学、科研工作；与校外具有很强科研、学术实力的研究单位签订合作协议，共同进行人才培养、人才交流和科学研究；与大型企业建立合作关系，高校教师、科研人员和企业技术人员携手合作，互相交流；在企事业单位聘请有专长的人员做兼职教授等。通过这些交流，学校很多方面的工作可以得到加强。学术上可以互相交流，取长补短，甚至对某些学科还可起到补缺的作用；教学任务可以得到分担，他们的实践经验将活跃课堂教学提供教学案例；为高校教师及时提供国内外最新动态，增加信息渠道；在聘任期和合作期为教师的补充打下基础；对本校教师起到激励促进作用。

③教师队伍建设

教师队伍建设包括教师角色认知、教师专业精神、教师专业人格、教师专业知识结构构成及优化、教师专业智慧、教师专业发展、教师职业心理等内容。教师不仅是"传道、授业、解惑"者，还是班级的领导者、学生的心理保健者、教学纪律的执行者、学生的知己与朋友，是一个多元的神圣的教育工作者。这就要求教师要有敬业精神、人文精神、科学精神和良好的个性修养、高尚的道德品格以及健康的积极的态度，能用教育智慧形成教学工作的永恒魅力，去开启学生的悟性，强化学生自身发展的能力。智慧型的教师，言不多而精当，语不长而适时，言不烦而灵动，一句精辟的话，会让学生萦绕于脑际而终生难忘。一个好的高职院校教师，必须能把教学工作变成一种智慧、一种艺术、一种功夫、一种水平和一种境界，使学生在教学活动中得到享受。为此，教师必须在特定领域具有专业知识和专业能力，能给学生终身受用的东西。他必须在其所从事的教学领域表现出色，必须在所从事的教学领域创新教学模式，必须能更快地在教学领域展示自己的专业技能，很快地解决教学难题。他必须具备很好的洞察力和高度的自控力，科学地利用教学资源，使教学效能感和教学监控能力达到一流，这样的高职教师才有可能成为名师，成为学术带头人。高职学院的领导必须从高度和深度上强化师资队伍建设的力度，创造适合于教师成长的生态环境，这样的教师队伍建设才能高效并富有成果。

3. 教师队伍建设的原则、机制与评价标准

（1）教师队伍建设的原则

系统性原则：首先，职业教育的发展是一个系统工程，它的发展有赖于社会的整体发展，有赖于中国教育的整体发展进程。其次，教师队伍的建设也是一个系统工程，受制于多种因素。所以，师资队伍建设必须做到全盘考量。

实践性原则：师队伍建设要体现实践性特点，结合职业教育发展目标，结合中国教育发展的实际状况，有甄别地引进先进的教育理念和管理理论。

以人为本的原则：师资队伍建设的实质是人才的培养，要以人为本，在大力发展职业教育的同时，兼顾教职工的个人发展，关注教职工的心理需求，调动起教职工的主观能动性，达成组织与个人发展的双赢。

以德为先原则：师资队伍建设必须强调以德为先。所谓"德高者范"，这既是教师这一角色本身的要求，也是我国教育现实的急需。以德为先除了涵盖师德之外，还要强调政治素质，这样才符合党的教育方针。

时效性原则：师资队伍建设是职业教育发展的永恒主题，其应该是可持续性的良性系统，而在发展的每一个当下，便具有了时效性，是持续性与时效性的统一。

多种途径并举原则：师资队伍建设应结合教育的专业、学生的需求、培养目标等不同特点采取多种途径和方法来进行，国内外的、企业管理的、其他教育形式的经验都可借鉴。

（2）教师队伍建设的机制

终身制与考核监督相结合：注重教师的地位与物质保障，确立教师职业的薪酬制度，吸引最优秀的人才从事教育工作，保证教育目标的实现和教育的高质量，确保国家的持续发展和良性发展。要执行科学严格的考核制度，择优选才，保证教师资源的优良性，要维持从教人员的竞争意识和职业压力感，督促教职工自觉学习，不断进取。

激励机制：师资队伍建设的实质就是调动教职工的主观能动性，使其自觉、高效地从事教书育人工作，认同国家的教育培养目标，关爱学生，从而保证教育目标的实现。

流动机制：流动机制有利于教职工开拓视野，知识更新，增进沟通技能，完善自身人格建设，提升教育教学水平。既包括岗位的流动，也包括与企业的人才互换培养——企业的精英进教室，教师走进企业充实自身。

（3）教师队伍建设的评价标准

教育评价向来是教育管理中的难点，因为教育活动不同于产品的生产，很多方面是难以量化的，评价中不可避免地带有主观色彩。在实际评价中要注意结合不同的专业特点，制定具体的量化指标；同时要注意评价者自身的培训与技能训练，以确保评价的科学性和有效性。对教师的评价应把握以下内容：

职业教育理念：教职工应了解国家关于职业教育的政策、培养目标等规定，具有先进的职业教育理念，明白职业教育在国家、社会发展中的重要性。

教书育人：一方面教师应具有教书育人的责任感，对教师职业的认同与自豪感。同时，还有热爱学生、关注学生发展、塑造学生健康人格的赤诚之心。

管理能力：在进行授业解惑的同时，作为职业院校的教师，尤其要有帮助学生进行职业规划的指导能力，引导学生找到职业生涯的正确方向。

专业能力：对相关专业知识发展的洞悉，对企业发展需求的了解，对社会就业趋势的敏锐判断，都需要职业教育的教师要不断地"流动"，不断地学习。

科研能力：作为高等职业教育的从业者，教师的科研能力也是必备的。分析学科的发展，分析企业的需求，分析学生的特点、心理特征，分解国家的培养目标，制订实施计划都要求教师具备相当的科研能力，才能胜任。

基本认知能力：作为高职教师，记忆力、注意力、观察力、想象力和思维力必须是优秀的，它体现教师能力起点的高度，教师智力水平不高，不会学习，不会不断完善自我，很难发展成出色的教师、名师和学术带头人。所以评价教师，基本认知能力是一个基础条件。

系统学习能力：系统学习能力包括自学能力（选择能力、坚持能力、效果和速度）、再学习能力、信息资料的加工利用能力和整合能力、网络技术能力等。评价一个教师优秀不优秀，他的学习能力很重要，教师不能跟上时代步伐，知识陈旧，显然是不适应教学工作的。

社会环境适应能力：适应是心理健康的重要标志之一。教师能不能适应客观环境的变化，能不能建立新型的人际关系，能不能在适应环境中自我发展，达到时代要求，对自己未来的发展起着至关重要的作用，评价教师有没有战胜自我、积极行动的能力，是教师队伍建设不可忽视的一个问题。

此外，教师知识更新及创造能力也是教师建设的评价标准之一，在后面章节教师能力建设中将会涉及。

（二）教师队伍能力建设

教师队伍能力是教师个体能力的总和，是团队能力的集中体现，教师能力一般体现在以下方面。

教师观念：教师观念主要包括："育人为本"的教育观；"为学生生存与发展并获得幸福"的教育价值观；培养"人才多样化，人人成才"的人才观；"以人为本"的学生观；"德智体美劳全面发展"的教育质量观；"敢于超越，善于超越，敢为人先"的创新观；"全面、客观、多元、动态"的评价观；"与时俱进，充满智慧"的课程观。

师德修炼：师德主要包括：爱岗敬业；德行端正；人格高尚；尊生重教；育人为本；治学严谨；博学多思；求知创新；诚实守信；以身立教；为人师表；志向远大；博大胸怀；克己自律等。

师智提升：师智主要包括：①扎实广博的专业理论知识；②丰富多元的实践教学能力；③丰厚睿智的人文知识；④适应时代要求的多种师能。

师风修养：师风主要包括：①课堂形象；②待生态度；③仪表端庄；④礼仪规范；⑤作风民主。

对于从事高职教育的教师来说，能力建设还要强调专业智慧，因为没有好的教学胜任力，是完成不好繁重的教学任务的。

1. 教学胜任力的提升

教学胜任力是教师教学水平的直接展现，从教师能力建设这个总原则出发，要做好以下工作。

（1）加强教育和引导，增加教师提升教学胜任力的内在要求

教师是具有自我学习、自我教育、自我发展的教育行为主体。提升教育教学胜任力应成为教师的内在需要和自觉行为，也只有基于自主提升需求的发展才可能是持续的、高效的。因而提升教师教学胜任力必须唤醒教师的主体意识和发展动机，让教师自觉参与到课程改革的行动中去，在行动中学习，在学习中实践。教师的教学能力也只有在课程实践中通过实际训练才能形成和提高。因此，要提高教师的教学胜任力，必须对教师进行教育和引导。一方面，学校领导要坚定实施课程改革的信心和决心，做好宣传和动员工作，转变教师观念，克服教师思想上的惯性和行为上的惰性，让教师充分认识到高职教育进行课程改革的必要性和实施课程改革的必然趋势；另一方面，要从学校层面建立健全各种机制，培育教学文化环境，通过树立典型、发挥榜样示范效应，引领和规范教师的教育教学行为，把提高教育教学胜任力作为一种自我追求。

（2）开展针对性培训，构筑教师提升教学胜任力的素质结构

实施课程改革，教师教学胜任力必须要以与教学任务相关的知识为前提。教师必须熟悉职业教育学和职业教学论，遵循其规律，并将行动指向课程开发、教学研究等一系列教学实践活动。开展教师培训是提升教师教学胜任力的重要途径。为此，提高教师实施课程的教学胜任力，必须直面教师的教育活动过程，开展有针对性的培训。培训中坚持以"做"为中心，以"用"为导向。"干什么学什么，缺什么训什么，训什么练什么。"同

时，为增强培训的有效性和实效性，教师培训时要做到培训与测评相结合，分层整体推进与分类问题辅导相协同。为及时应对课程改革实施中出现的各种偏差，高职学校可依托师资培训基地，采用"请进来、走出去"的方式组建校本培训的"校内培训团"，积极开展示范引导、特色讲座、专题研讨等一系列校本培训，完成实训项目，如自选一门课程整体设计、单元教学设计等，做到培训有目标，训练有任务，测评有标准。

（3）密切校企合作，搭建教师提升教学胜任力的实践平台

课程改革的实施，应强调"教、学、做"一体化，更加突出实践性环节的教学。教师实践能力的高低直接影响着学生实践能力的培养。教师只有具备较强的实践能力，才能更好地对学生进行示范和指导，提高学生的专业技能技巧。为此，学校应站在全局的高度，多方位、多渠道调动力量，加强校企合作，为教师顶岗实践、挂职锻炼搭建平台。一方面，创造条件支持教师参加与职业有关的企业实际工作的训练，帮助教师积累企业技能经验和工作胜任力，提高自身的实践胜任力；另一方面，教师要在了解企业的真实需求，熟悉、掌握相关的典型的职业工作任务和职业工作过程的经验与知识，在察觉企业新信息、新情况的基础上，实现专业课与技能实践课教学获得能力理念上和行动上的支撑。

（4）完善评价和激励机制，增强教师提升教学胜任力的外在动力

教师教学胜任力的提高，是一个根植于教师教学实践、不断学习发展的过程。它既有赖于教师的内在需求，也离不开外在制度的规范和有效机制的约束。合理、科学的评价和激励机制，能最大限度地鞭策和吸引广大教师投身到课程改革中来，按照课程改革的理念实施教学活动，并在实践过程中形成和提升专业胜任力。高职院校教师作为教学、科研实践的主体，是推动学校发展的重要资源和财富。因此，评价和激励机制的建立，必须从具体实际出发，以人为本，充分尊重教师的主体地位。一是从学校层面制定项目课程改革专项激励机制，通过设立"首席教师""课程改革标兵"等举措，营造竞争氛围，推动教师队伍建设。二是把握评价体系的规范性和导向性，根据课程特征要求制定评价标准和实施细则，对教师教学过程进行有效督导、控制和反馈，保证公平和公正。三是评价结果的运用要以提高教师教学胜任力、促进教师发展为出发点，充分调动教师不断改进教学的积极性和自觉性，激发教师潜能，使教学质量得到持续提高。

此外，教学课程模式为打造高职特色教育、培养学生职业胜任力指明了改革方向。课程实施的成效如何，关键在于教师驾驭课程改革的教学胜任力。要使课程改革扎实、有效推进，必须从观念、行动、制度三个层面和内、外双导向系统对教师进行积极干预，着力构建与课程改革相匹配的促进机制和培训体系，整合资源，加大引导和培训力度，促使教

师教学胜任力不断得到提升。

2. 职业能力培养

（1）职业能力的范畴

职业能力是指从事职业活动所需要的综合能力，主要包括专业能力、专业应用能力、方法能力、适应变化能力、社会能力、团队协作能力、开拓创新能力等。职业能力是职业教育培养目标的重要内涵，是职业教育区别于其他各类教育的本质属性。提升教师的职业能力，是职业教育的核心任务之一。

专业能力：专业能力是在特定方法引导下有目的、合理利用专业知识和技能独立解决问题并评价其结果的能力（包括工作方式方法、劳动生产工具的认识和使用等）。它是职业范围内的能力，包括单项的技能与知识、综合的技能与知识。专业能力是基本职业生存能力，它是教师胜任职业工作、赖以生存的核心本领，对专业能力的要求是要注重掌握知识、技能，以获得合理的知识结构，强调专业的应用性、针对性。

方法能力：方法能力是具备从事职业活动所需要的工作方法和学习方法，包括：制订工作计划的步骤、解决实际问题的思路、独立学习新技术的方法、评估工作结果的方法等。它是基本职业发展能力，是教师在职业生涯中不断获取新的技能与知识、充分发挥创新能力的重要手段。对方法能力的要求是科学的思维模式，要注重学会学习，学会工作，以养成科学的思维习惯，强调方法的逻辑性、合理性。

社会能力：社会能力是指具备从事职业活动所需要的行为规范及价值观念，包括人际交往、公共关系、职业道德、环境意识等。社会能力既是教师的职业生存能力，又是教师的职业发展能力，是必须具备的基本素质。对教师社会能力的要求是要有积极的人生态度，要注重学会共处，学会做人，确立积极的人生态度，强调对社会的适应性和行为的规范性。

专业应用能力：专业应用能力指高职教师运用和掌握的专业理论与相关专业知识，分析问题和解决问题的能力。高职教师的专业能力主要体现在具有很强的应用技术能力，即专业应用能力，能够解决企业在实际生产中所面临的重大的技术问题。高职院校的专业课程具有较强的应用性和实践性，教学中要注重理论联系实际，落实"能力本位"的指导思想，以利于教学中提高学生的综合职业素质。

适应变化能力：当代瞬息万变的信息社会，要求高职学生对未来的社会发展必须具有良好的适应性，这就要求教师在人才培养目标中强化学生在岗位发生变化时能适应新的岗位要求的能力，给学生更多的生存与发展的空间。

团队协作能力：团结合作、协同攻关是团队作战能力的重要表现形式，只有具备了强烈的团队意识，才能实现真正的合作。教师的团队意识是提升教育质量的重要举措，也是教师职业能力的最重要的评价标准。

开拓创新能力：创新能力是教师取得竞争优势的必备素质之一，它决定着教师自我的生存和发展，决定着学院可持续发展的能力。高职院校教师的创新能力突出体现为运用创造性的劳动进行产品开发、技术改造等能力，并为企业成功驾驭市场提供新的科技和理论支撑点。

（2）提高教师职业能力的举措

①加深和拓宽专业理论知识，为提高操作技能奠定坚实的基础

职业技能的形成，需要专门的技能训练，这是必然的。但是单纯的技能训练水平的提高，并不完全是呈线性的关系，特别是一些技术性和理论性很强的专业。理论能带领教师在实践中吸取前人的经验和教训，少走弯路，为专业技能的培养指明方向，不仅如此，当技能水平达到一定程度以后，如果没有高层次的理论参与指导实践，技能水平就会在这个程度上徘徊，即使再投入更多的训练时间和精力也很难达到一个更高的层次。高职教师可以通过订阅各种专业杂志、报纸，认真阅读其中的专业技术理论等方面的文章，来丰富自己的专业理论知识，可以紧紧地跟随新知识、新技术的发展方向，牢牢地把握本专业的发展趋势，不断地更新和扩展知识，从而确保教师始终站在专业发展的最前沿。

②通过订单培养方式，寻求更多的实践机会

高职教师在掌握一定的理论知识之后，需要把理论转化到实践中，将知识转化为生产力，一方面要借助校内实训室的资源；另一方面还需要生产第一线用人单位的帮助。

1）善于利用实训教室

在职业院校每一门或几门专业课程都必然对应一个相应的技能训练室，课程中涉及的设备在实训室中都有最基本的配置。教师可以利用这个得天独厚的条件，到学校实验室或实训室进行相应的实验或实训，通过理论与实践的融合，一方面加深对专业理论知识的理解和把握；另一方面更重要的是通过对理论的消化和理解可以有效地促进操作技能水平的提高。

2）教师通过与企业协商，采用挂职锻炼配合订单培养的方式

学校要与企业签订订单培养的人才培养方案，同时学校派一部分专业课教师到用人单位进行短期学习，掌握先进的技术，了解企业文化。可以通过"朝九晚五"的高强度训练，培养教师的专业技术能力。可以通过对企业的实地考察和调查问卷的方式，使教师能

够更准确、快速地掌握市场动向，掌握相对及时准确的专业技术和市场动向。

3）重视教学相长，通过实训活动提高专业能力

提高专业能力，需要高职教师改变传统思维，适应教育改革下的新型师生关系。传统的教育，教师往往充当灌输者的角色，教师是课堂的权威，一切教学活动都是以教师为中心，教材和教师都是不可置疑的，学生充当接受者的角色，只能对教师传授的信息全部地接受和背诵，这种填鸭式的教育显然不适合当前社会的发展，新型的师生关系应该是积极互动的，教师只是引导者，指导学生自主发现知识，接受知识，进行研究，在积极的良性的互动中，学生的讨论和质疑也往往会给教师带来很多灵感，启发教师进行更多的教学创新。

4）严格教师入职标准，把好入口关

研究制定高职院校专业教师的入职标准并加以实施，提高入行标准，体现教师职业的专业性、技术性和规范性。在确保专业对口、学历达标的前提下，重点对教师的企业工作经历、实践技能、职称和技术等级提出明确要求，彻底打破单纯从高校毕业生中挑选高职教师的传统做法，进一步优化师资队伍结构，提高教师队伍整体素质。

5）加强师德建设和形势政策学习，提高教师的职业素养

培养教师严谨笃学的作风，健全师德建设的长效机制，把师德表现作为教师考核、聘任和晋升评优的首要内容。在教师管理上，实行"师德一票否决"。扎实开展"修师德，铸师魂，强师能，争名师"活动，报道优秀教师先进事迹，营造良好学风。引导教师注重对国家和地方政府产业及区域经济社会发展建设政策、规划的学习研究，提升思想境界，强化机遇意识、科学发展意识、赶超意识和建功立业意识，紧贴经济社会发展需要，增强专业学习和专业迁移能力，更新思想观念，明确改革思路，锐意进取，应变图强。

6）加强培养培训，提高教师专业理论水平和业务能力

要通过研修培训、学术交流、项目资助等方式，加大专业教师的培养培训力度。一是请进来，邀请高职教育专家、知名学者到校，对教师进行职教理论和实践技能培训。二是走出去，实施优秀人才海外研修计划，每年选派 3~5 名优秀专业（学术）带头人和中青年骨干教师到海外高水平职业院校、研究机构研修学习，重点培养一批具有国际视野、能够参与国际合作研究、懂得国际规则的优秀专业（学术）带头人。三是完善教师定期到企业参加工程技术人员专业技能培训学习制度。强化教师参加企业继续教育学习的积极性。高职院校内部培训要注意区分层次，增强培训的针对性和实效性。对见习教师要进行教育学、心理学和现代职业教育理论、思想和方法的培训；对助理教师的培训重点要放在提高

教学认知能力、教学设计能力和教学实施能力上，要重视教师职业理想与职业教育理念培养和形成；对于合格教师，培训的重点是巩固和提高职业教学能力，重心是教学设计能力、教学实施能力和教学监控能力；对骨干教师要侧重于培养研究性教学能力；对专家型教师要重点培养教学研究能力。

7）深化校企合作，推进"工学结合"，增强教师的专业实践能力

要强化企业共赢意识，制定优惠政策，充分调动企业参与校企合作的积极性，完善校企交流沟通和定期会晤机制，挖掘与企业的利益共赢空间，形成命运共同体。要建立健全专业教师下企业实践锻炼制度，有计划地派遣教师到企业顶岗锻炼，了解企业的真实环境，熟悉企业的生产过程，掌握新技术、新工艺、新规程，全面提高教师的专业实践能力。要明确教师企业实践锻炼的任务和纪律要求，加强教师企业实践锻炼的督导考核，对实践锻炼业绩突出的教师给予奖励，使教师的实践锻炼常态化、长期化、长效化。要建立专业教师密切联系企业制度，设立企业教师工作站，推广"一师一企"制度，推进"访问工程师"工作。要深化人才培养模式改革，积极推进校企"五共同"培养创新人才，即共同制定人才培养标准，共同设计培养目标，共同开展专业、课程和"双师型"教师队伍建设，共同开展实习实训基地建设。通过与企业、行业的深度融合，使教师在与企业工程技术人员和能工巧匠的合作中丰富一线工作经验，提高专业实践能力。

8）规范兼职教师管理，激发教师队伍活力

要从企业选聘一批专业人才和能工巧匠加盟高职教师队伍，优化师资队伍结构，提高师资队伍的整体素质。要将兼职教师队伍建设纳入师资队伍建设的整体规划之中，建立规范的兼职教师聘任与管理制度，使兼职教师队伍管理制度化、长效化。要通过校企合作不断扩充和优化兼职教师资源库，拓展兼职教师的选择范围。制定优惠政策，吸引校外优秀专业人员到校指导实践教学、从事产品设计开发和文化创意活动。要建立名师和技能大师工作室，创造优厚的工作生活条件，充分发挥兼职教师实践经验丰富、动手能力强的优势，指导带动青年教师提高专业实践水平。着眼学校科学发展，建立一支结构合理、素质优良、技艺精湛、专兼结合的"双师"素质队伍，紧跟区域经济发展步伐和产业结构调整需求，制定和实施强有力的教师动态管理保障措施，激发创新动力，防止"功能老化"，始终保持教师队伍的活力。

9）完善竞赛奖励制度，激励教师提高实践能力

要完善师生参与技能竞赛的激励制度，支持鼓励师生参加国家、省、市级各类技能竞赛，把竞赛成绩作为教师业绩考核、评优晋级的重要依据。要在学校范围内组织开展各类

职业技能竞赛，引导和激励教师钻研专业，帮助教师提高业务能力；引导和激励教师关注实践教学，鼓励教师参与实践项目，提高实践技能，在实战锻炼中提高师资队伍的市场适应能力。

10）建立符合高职教师成长规律、体现高职教育特点的职称评审标准

改革高职院校教师职称评审制度。突出职业教育特点，改进评审办法，强化以专业实践能力为导向的教师职称晋升政策，把专业、行业影响力和技能考核等级列为重要指标，将专业教师参与企业技术应用、新产品开发、科技推广、社会服务等作为职称评聘的重要内容。人力资源管理部门应尽快出台专门针对高职院校教师职称评审的标准（体系），体现高等职业教育的特殊要求，明确政策导向，促进高职院校教师职业能力的提升。

11）加强实践教学资源建设，提高教师运用现代教学手段的能力和水平

要适应现代信息技术发展的新要求，加快建立数字化、空间化实践教学资源库，加大多媒体等远程教学设备的投入，通过现场录制声像资料，大力开发虚拟流程、虚拟工艺、虚拟生产线等数字化实践教学资源，搭建校企互动的信息化教学平台、教师培训平台，探索将企业的生产过程、工艺流程、工作过程等信息实时传送到学校和企业兼职教师，采用在生产现场远程开展专业实践互动的做法，推动校际之间、校企之间优质教学资源共建共享，拓展教师实践能力提高的空间，促进专业教师自主学习，提升教师实践能力和技能训练的效率和效果。

12）维护教师心理健康，从心智上提升教师的专业化水平

要帮助教师在身体、智能以及情感上，将个人心境发展成最佳的状态，不但身体、心理、社会适应能力和道德水准没有主观的不适感，而且在人际交往、与他人和谐相处、保持自身的平衡稳定等方面适应繁重的教学任务要求。高职院校的领导应当关心教师的身心健康，采取必要的措施缓解教师的心理压力。要营造一个良好的适宜教师健康成长的生态环境，使教师职业能力得到全面的提升。

3. 自主学习能力的强化

知识是人类认识的成果和结果，是一种行为的工具。教师师智的提升，最关键的因素是具有很强的自主学习能力。教师的知识结构必须是横向的科学文化知识要广博、纵向的专业知识要深邃，形成具有自我学术形象影响力的 T 型知识结构，而且善于在网络环境下自主学习，利用先进的网络技术，提升自己的自主学习能力。

在学习型社会里，自主学习是最简捷、最经济、最重要的学习方式，基于网络环境下的教师能否有效地开展自主学习，关键在于其是否具备较强的自主学习能力。

（1）网络环境下的自主学习能力

学习选择能力：在网络环境下，自我选择是指教师在自我判断的基础上，选择适合自己需要的学习资源和学习方式。由于自主学习者拥有相对自由的学习选择权，即：能自主选择专业、课程、学习内容和学习形式；能自主选定学习时间、学习地点；能自由选择学习手段、学习技术，就能将自我选择贯穿整个学习过程，因此，自我选择能力的强弱关乎教师自身自主学习的成败。

网络环境下的自主学习是一种"基于资源"的学习，以数字化为特征的网上学习资源，无论是数量还是类型，都是传统学习资源无法比拟的。而正是丰富的资源给教师带来了选择和甄别麻烦，教师如何选择自己需要的教师资源，是网络化学习首先要解决的问题。

自我管控能力：自我管理和调控是教师自主学习制订学习计划、执行学习方案、完成学习任务、达到学习目标的关键。学习管控能力包括两方面：一是自我约束，二是自我调控。在网络条件下，有效的自我约束主要体现在三个方面：一是对学习进度的把握；二是对自学行为的掌控；三是有良好的学习习惯。好的学习习惯包括生活有规律并持之以恒。生活有规律就是生活安排合理和科学，持之以恒就是锁住既定目标，保持持久而稳定的学习动力，保持健康而快乐的学习心态，保持昂扬向上的学习热情。

自我调控就是指学习者全程监控自己的学习活动，及时调整学习策略的认识过程。自我调控包括自我监督、自我调节和自我控制三方面。自我调控是一个与学习者智力和非智力因素相关的复杂过程，自主学习如没有学习者的动态调控，其学习目标是肯定不能实现的，教师必须能及时发现学习过程中的问题，并做出相应的调节与控制，从而提高学习效率。

知识建构能力：学习是获取知识、掌握技能、形成规范、发展能力的活动。学习不是教师被动接受知识灌输，而是积极建构知识的过程，要强调情景、协作、交互和意义建构，用四个学习环境的四大属性提升自主学习的功能。

基于网络环境的学习强调教师的自主性，教师是知识意义上的主动建构者。因此，教师必须拥有良好的认知结构和较强的知识构建能力。良好的认知结构主要表现在三方面：一是对知识概括水平高，理解能力强，易于接受和同化新知识；二是原有知识概念准确，层次清晰，结构有序，系统性强，能分析新旧知识的异同；三是对所学新知掌握程度高、熟练，易于在接受新知识的基础上进行知识体系重构。

知识建构能力主要表现在，善于对学过的知识进行归纳，形成有内在联系的认知结构，有意识地寻找新旧知识的异同，善于记学习笔记、补充笔记和使用笔记，能够自觉地复习和反思已经学过的内容。

自主评价能力：自主学习评价是指教师根据一定标准对已经实施的学习过程进行的价值判断。在网络环境下，学习评价是自主学习活动的重要组成部分，应贯穿于自主学习的全过程。首先，学习评价是学习调控的前提，没有及时的学习评价，教师就找不到学习中的不足和问题，也就不能及时调整和纠正自己的学习行为。其次，教师通过自我学习评价可以全面掌握自己在学习过程中的有关信息，明确自己得失在何处，成绩、缺点在哪里。

从评价的时间和作用上看，学习评价分为诊断性、形成性和终结性评价三种。在开放教育学习中，坚持自我评价就是要求教师将学习、评价与调节整合于学习过程之中，做到边学习、边评价、边调节。自主学习评价把教师在真实情景中的真实表现作为评价的基础，评价标准具有真实性、情境性，自主学习评价把评价本身看作调动学习积极性、提高和维持学习兴趣、保证自主学习有效进行的重要手段。

（2）网络环境下自主学习能力的培养和提高

网络环境下自主学习能力的培养和提高主要有如下三条途径：一是针对性较强的教学指导；二是学习者通过学习实践获得学习策略；三是学习者在学习实践中提升能力。为此，教师既要主动示范自己的自主学习技能，也要树立自我学习的典型，推介科学有效的自主学习方法。要在学习实践创设情境过程中，获得策略，提高能力，提升自我学习的效率。提高自主学习能力的有效办法是：

①让教师自我组织学习

让教师自己组织学习的步骤和方法如下：

自我制定学习目标：与做任何事情一样，自主学习先要有一个明确的目标，要明确选修哪些课程，取得什么样的成绩，实现怎样的学习目标。

自我设计学习计划：根据学习目标制订出尽可能详细而切实有效的学习计划，科学合理地安排自己的学习内容、学习方式与学习时间。

自主选择学习媒体：首先，教师应对自己能拥有的各种学习媒体深度了解；其次，应该熟悉各种媒体的特点和功能，在进行优劣比较的基础上，选择适合自己的学习媒体，提高学习效果。

实现自我控制：教师要对自己的学习进程、学习方法实施自我监控，实现自我反馈、自我调节。对学习结果进行自我检查、自我总结和自我评价。

②让教师自主获取知识

在网络环境下，知识的获得主要是通过如下途径实现的。

阅读：阅读是网络环境下教师获取知识的主要途径，因此，提高教师的阅读能力是进行自主学习的前提和基础。

理解：教师理解所学的内容，要积极思维，要善于发现新旧知识之间的联系，要善于举一反三和逻辑推理，达到触类旁通的学习效果。

记忆：对理解了的知识，需要不断加强记忆和巩固，才能真正掌握。只有通过不断复习记忆和巩固，才能真正掌握。只有通过不断复习巩固，强化记忆能力的培养，采取切实有效的记忆方法，才能真正将其转化成自己的知识、能力、智力与素质。

反思：教师应具有反思和质疑精神，这样，能激励自己不断探索、不断钻研，融会贯通，真正实现主动学习。

③让教师学有毅力

要实现让教师有毅力地学，就应该让教师"愿学""乐学"，激发其高昂的学习兴趣。兴趣是最好的老师，是直接推动教师刻苦学习的内在力量，更是教师创造性地完成学习任务的持久动力。

④让教师获得正确的学习策略

如何让教师获得有效的学习策略，应该让教师从认知、情感和社交策略层面的培养上下功夫。

认知策略的培养：网络环境下的学习相对于传统课堂来说更为轻松，教师也更有选择学习内容、进度、时间及方法的自由，学习资源也充分体现了以学习为中心、以学习者为中心、以任务为中心的现代教育理念。在这一前提下培养教师的认知策略，就要求教师做到积极提出问题、认真分析问题、善于回答问题，抓住重点、难点做笔记，把学习中的新旧知识联系起来，进行观察、分析和归纳，从而提升自我学习的质量。

情感策略的培养：破解网络学习中的诸多问题，实现真正意义上的自主学习，要求教师具有良好的心理素质。首先，要联系实际，激发网络自主学习的内在动力。其次，要增强学习者的学习自信心，及时掌握各类学习信息，有的放矢地去学习，以提高学习的针对性和学习效果，从而增强自信心和上进心。

社会策略的培养：教师要学会善于创造机会进行交际活动，网络环境给教师提供了实践活动的交际环境，学习者可在网上参加各种在线活动。同时，把学习从课内延伸到课外，要保证学习的稳定性和持续性，进一步提高学习效果。

（三）名师工作室教师队伍建设

名师工作室主要是通过打造特色专业学习共同体、整合教育教学资源和构建教科研平台这三个方面达到专业建设。

1. 打造特色专业学习共同体

近年来，教师教育逐渐从相对简单的"教学技能模仿，教育理论补偿，教育专家讲座"等教育形式转变为多种模式与教师实际需求相结合的改革过程。在职教师专业发展的在职培训模式、策略和方法也呈现多元化趋势。教师学习共同体的作用也逐渐在教师专业发展、教师培训中凸显。

"实践共同体"，具有共同的目标，协商讨论的意义和实践，新手成为专家。专业学习实践共同体是以成员的自愿参与为前提，以在学习过程中的分享与合作为核心，通过实践共同体成员的共同发展目标，将学习者联系起来，并相互沟通进行交流与学习。名师工作室是一个非常典型的专业共同体。工作室成员拥有相同的理念、价值观和目标，并通过工作室的学习和培训共同学习和成长。名师工作室以关注教师专业成长为前提，发展其特色，打出自己的特色旗帜。

专业学习共同体成员能够自主地参与决策制定。共同体成员在合作中的信任、尊重和自由独立发展是专业学习共同体有效运作的关键。同样，名师工作室在专业领衔人的领导之下，与传统的科研组不同，它减少了行政之间的层级限制；与传统的培训不同，它拥有特色，有自己的侧重与发展方向。名师工作室不仅可以通过分享成员间的发现，相互之间给予意见与鼓励，促进彼此的发展，还可以在过程中共同进步，共同得到提升。

2. 整合教育教学资源

传统的教师培养、教师研讨活动是相对封闭的，名师工作室是一种专业学习共同体，可以打破原有的教师资源问题和教师的个人问题，使教师可以在该区域内分享。名师工作室依托于所在的学校，工作室成员来源于区域内各个学校学科的优秀教师，是一个跨越学校的教育教学、科研的研究群体。

在研究校本特色，研究高效率、技能教学，探索教育和科研，理解教师培训的基础上，成员具有鲜明的个人教育风格和学科教育教学特色，教学观念先进，教学水平高。教师的工作经验和教育实践不同，每位优秀教师都有独特的个性特征。通过工作室的日常学习、备课、观摩和与教师沟通，共享资源，实现教育理念的融合与思想的碰撞，推动区域内整体教学水平的发展。

名师工作室，不仅是辐射所在区域内的教育，从长远来看，还有利于整合全市，乃至全国的优质教育资源，调动全国的巨大优质教育教学科研资源，更好地为区域内教育教学服务。名师工作室可以充分发挥名师的优势，创建具有名师独特特色和科研的学习共同体，并以名教师工作室作为学校的名牌辐射地区教学，造福全省。

3. 构建教科研平台

名师工作室通过各种途径开展特色研究与研修活动，促进青年优秀教师教育教学科研能力的提升。教育教学研究和教学研究探索作为名师工作室的日常工作，也是促进教师专业成长的重要途径。教学研究平台的建设是名师工作室的重要功能。

名师工作室以任务驱动，在课堂中，实践中，教育前沿或社会热点中，申请和名师工作室专业侧重相关的学术研究项目，通过项目研究，强化名师工作室成员自主创新研究意识，帮助团体反思总结实践经验，提高教师的教育理论知识与研究能力，成员共同成长。区域教育课程开发，如校本课程的开发和实施，应充分发挥名师的作用和影响力，以名师工作的平台，由名师领导，通过名师工作室培训中开展的各项活动，促进课程开发与改革，从而教师得到发展，教科研能力得到提升。

二、课程改革呼唤名师成长

作为推动教师培训的重要途径，名师工作室对教师的发展，教师的专业成长和区域教师的引领具有重要的价值。

（一）名师工作室与教师发展

名师工作室主要是通过改变教育教学理念、引领青年教师快速成长和培育教育教学名师这三个方面促进教师专业发展。

1. 改变教育教学理念

近些年来国家发展迅猛，教育观念也随着发展逐渐改变，从之前以受教育人数的增加为目标转变成了以关切教育质量和智育为目标，培养具有知识、态度、信念和生活能力的新型人才。对一位优秀教师的要求不仅仅是让学生习得各学科知识，不是以让学生"学会"为唯一目标，一位优秀的教师还是学生方向的引导者，需要让学生享受学的过程，并且让学生学会发现学习，增加教材本身的趣味，让学生乐于探索并将我们所说的内容转化为儿童思想的形式，并且生成主动探究学习的能力。

在课堂改革中，教师应从角色和观念进行转变，意识到课堂不仅仅是老师展示的舞台，更是教师与学生交流、互动的地方。这首先就要从课前的准备、课堂的设计和课后的探索开始改变，真正做到高质量地完成教学任务，真正地促进学生发展，实现师生共同成长的理想状态。

名师工作室是提升教育教学能力，开展教育科研和充实教育理论知识与素养的一个名师成长平台。通过名师工作室这个平台，名师领衔人带领名师成员提升教育教学能力、教育科研等方面的教学素养，逐渐得到提升与发展。课堂是工作室成员发展的主要阵地，在任务中发展是指导成员在解决问题过程中创造性地全面发展的主要手段。当前传统课堂教学存在很多问题，还未达到高效、技能课堂，需要改革与提升，名师工作室应立足于课堂教学，在公开课中不断打磨自己的教学，在打磨之中教师专业得到了发展，这也是教师专业发展的一条重要路径。通过高效、技能使学生在课堂中不再是一个被动的接受者，激活学生在课堂中的积极状态；使教师的能力得到发展；使课堂不再死气沉沉，营造出一种互动的、活跃的气氛。

2. 引领青年教师快速成长

教育的创新之所以会源源不竭就是来自于教育教学科研，在教育教学的过程中拥有强烈的科研创新能力，专业成长的速度也会越来越快，教育的视角与境界也会越来越高。青年教师是教育的未来，具备创新的热情，不仅仅需要站稳课堂，更需要汲取学科前沿知识，提升自己的能力与水平，促进全面发展。

名师领衔人是学术上有建树，教学中有经验并且经过严格的专业评审程序评选，是在省内外均具有较强影响力的专业领军人物，都是教学的熟手、科研的强手和教师培训的一线人员。名师领衔人身上具有优秀的品质、独特的个人魅力和鲜明的教学风格，给青年教师一个很好的榜样示范作用，能够带动整个团队教学和科研的发展，因此以名师领衔人为主导带领的名师工作室团队是培养青年教师，促进青年教师全面发展最理想的人选。

名师工作室通过各种途径开展特色研究与研修活动，促进青年优秀教师教育教学科研能力的提升。年轻的优秀教师本身就有追求事业成功的内在动力，他们对问题有新的看法。在名师工作室领衔人的领导下，通过主题培训，他们可以提高自己的能力，达到高效技能课堂的标准与要求；通过课程开发，立足校本，研究适合当地的校本课程；通过课题研究，钻研教育教学科研，科研创造，学习专业前沿知识；通过沙龙分享，不断反思自己的工作与学习，在与名师工作室领衔人、成员探讨的过程中不断打磨自己的能力，促进青年优秀教师的全面发展。

3. 孵化培育教育教学名师

我国当前正处于经济发展的关键时期，提升教师队伍的整体素质，促进教师行列的有效发展关系着我国的人才的培养及国家的发展。我国在教师数量上来看，基本上能够满足需求，而且基本已完成普及性教师培训，在此基础上，进一步提高师资质量，孵化培育教育教学名师则成为教育事业转型的新命题。

名师工作室是提供给优秀教师发展的平台，进一步地促进教师成为骨干教师等名师。通过名师工作室的培训和管理，对教师的专业成长起着重要作用。在名师工作室进行学习可以不断提高个人的素养，打好基石，逐渐形成自己的教育教学风格。通过发展一系列教学和研究活动，促进名师的成长，名师工作室可以有效提高学生培训效率，缩短名师发展周期，打造名师团队。

三、教师专业化运动推动

名师工作室主要是通过优化教育资源配置、构建区域辐射场和示范引领社会服务这三个方面达到区域引领。

（一）优化教育资源配置

人类的资源是稀缺的，而人们的需求则是无限的。如果想要解决优质资源过少与人们的需求过多之间的矛盾，只能让资源得到最充分、最有效的使用，才能解决这些矛盾。教育质量的提升教师工作室聚集了该地区的优秀教师，突破了教师专业发展的瓶颈，建立了一支专业学科发展的团队，同时打破了学校与行政管理的限制，组建了一支名师队伍，形成了一个专业学习共同体，通过名师的指导提升教育质量。

名师工作室的开展，可以优化中小学名师资源。中小学名师是本体性知识、条件性知识与实践性知识的共同拥有者，是不可多得的提高性培训人才，在教师中能够起示范、引领、辐射的带头作用，他们不仅具备多年来在实践工作中积累的经验与知识，而且愿意为教育事业贡献自己的一份力量，能够带动教师群体共同进步。良好的示范带头作用可以促进周围教育工作者的积极性，并可以充分利用中小学的资源。

（二）构建区域辐射场

名师工作室具有引导和辐射的功能。随着当今时代的发展，名师工作室可以说是一种公共资源，一种资源辐射的开放平台。具有构建区域辐射、展示与交流的功能。

媒介即讯息，任何媒介的搭建都将对个人和社会产生影响，从而得到延伸。名师工作室搭建工作室成员交流和成果宣传平台，推广教学。名师工作室要持续完善网络互动平台，使工作室成员可以通过、电子邮件、个人微博、QQ 微信群等现代信息手段进行实时的动态交流。这样，对于名师工作室教师而言，可以实现同伴之间的资源共享，加强成员之间的互动交流。对于名师工作室，可以通过网络平台向外界展示结果，并及时了解工作室成员的教学动态、教学需求、资源共享和辐射。

通过工作交流和各种活动，名师工作室组织工作室成员开展成果展示活动，宣传和推广教学和研究的相关成果，扩大名师工作室的影响力，带动区域内教师的关注与进步，构建区域的教育教学辐射场。

（三）示范引领社会服务

教育的基本职能是培养人、教育服务生产、服务经济、服务政治、服务文化等，主要是通过培养人才来实现和承担社会责任。名师工作室作为教育教学科研比较集中的一个共同体，应承担一定的社会责任，建立交流机制，促进名师积极走出去，不仅可以促进名师的快速成长，对加强学校与学校之间合作，对学校和社会的交流也大有益处。

名师工作室可以组织名师送课到乡镇，为农村学校带来高效、技能课堂，转变传统教学观念，为当地教师提供必要的教学培训和现场指导。名师工作室也可以向社会辐射教育。例如，王景魁是思想教学的专业教师。他不仅注重将反毒品教育全面引入德育教育，而且还促进了该地区学校毒品预防工作的开展。

第三章 名师工作室的理论建构

一、专业学习共同体的内涵

（一）教师专业学习共同体的概念

"共同体"是极具人情味的乡村社会的表征，并以共同的血缘、共同的情感和共同的伦理为主要特征。"学习共同体"是随着社会建构主义心理学派的发展兴起的一种教育理念，是"共同体"理念在教育领域的发展。学习共同体是一个由学习者和助学者共同构成的团体，强调学习是通过沟通、交流和分享学习资源而主动进行的建构过程。教师专业学习共同体是随着教师专业化进程日益受到重视而逐渐出现的，是"共同体"和"学习共同体"两种构想在教师行业中的一种实践形式，是教师专业发展领域对"学习共同体"理念的一种创新性发展。美国西南教育发展中心最早对教师专业学习共同体进行了界定。教师专业学习共同体是对原有教师培训和继续教育体系的重要超越和补充，它的成员是具有教师从业资格的专业教师，在发展过程中以教师的日常教育实践为发展载体，以学校为主要存在基地，以解决教师专业活动发展中面临的实际问题为重要内容，以教师之间的共同学习和研讨为主要形式，最终在教师团体情境中实现教师个体和群体专业化水平的提升。

（二）教师专业学习共同体的类型

根据不同的标准，可以对教师专业学习共同体进行不同的分类。立足于发展层次的高低，可以将教师专业学习共同体划分为初级教师专业学习共同体、发展型教师专业学习共同体和成熟型教师专业学习共同体三类。初级教师专业学习共同体是组织较为松散，缺乏长远规划，共同体内成员的积极性不够，活动内容也较为单一的教师专业学习共同体；发展型教师专业学习共同体是组织结构较为严谨，活动内容较为丰富，成员有一定积极性，有一定长远规划的教师专业学习共同体；成熟型教师专业学习共同体是指组织结构非常严谨，活动内容非常丰富，成员之间的共同学习科学，有明确的长远发展目标的教师专业学习共同体。以学习内容和关注的主要对象为评价标准，可以将教师专业学习共同体划分为教学型教师专业学习共同体、科研型教师专业学习共同体和管理型教师专业学习共同体三类。教学型教师专业学习共同体主要针对教学过程中遇到的问题，开展共同学习和经验交流，以实现教学水平的提升为主要目标；科研型教师专业学习共同体主要针对科学研究过程中遇到的问题进行经验交流和共同研究，以实现科研能力的提升为主要目标；管理型教师专业学习共同体主要针对学校管理过程中遇到的困难和问题开展交流学习，以提升学校管理水平为主要目标。以活动范围大小为依据，可以将教师专业学习共同体划分为校本教师专业学习共同体、校际教师专业学习共同体和区域教师专业学习共同体。校本教师专业学习共同体主要指以本校教师为主要成员，活动范围以本校为主的教师专业学习共同体；校际专业学习共同体主要指以双方学校教师为主要成员，活动范围以双方学校为主的教师专业学习共同体；区域教师专业学习共同体主要指以区域内教师为主要成员，活动范围以本区域为主的教师专业学习共同体。

二、专业学习共同体的特征要素

教师专业学习共同体是共同体与学习共同体理念在教师专业发展领域的特殊化表现，具备共同体与学习共同体的一般特征：其一，教师专业学习共同体的成员具有共同背景，共同体内部具有较强的自我认同、自我控制、自我适应和自我发展意识，共同体内部成员相互之间和共同体整体具有共生性。其二，教师专业学习共同体以学习为主要内容。开展学习活动是教师专业学习共同体活动的核心内容。其三，教师专业学习共同体的活动方式是共享合作。在教师学习共同体中，成员之间通过相互交流和资源共享开展学习活动。其四，教师专业学习共同体的发展目标是实现成员和共同体的共同发展。教师专业学习共同体旨在追求教师个体和教师群体的共同发展。

同时，作为共同体与学习共同体的创新发展，教师专业学习共同体又具有自身的特征：首先，教师专业共同体具有教育特性。教师专业学习共同体是由具备专业资格的教师成员组成的专业团队，共同体的活动目的、活动内容和活动方式都紧紧围绕教育教学而展开，根本目的是通过教师自身和教师群体专业能力的提高促进教育教学质量的有效提升，具有显著的教育特性。其次，教师专业学习共同体具有实践性。教师专业学习共同体是与学校的教育教学实践活动紧密地融合在一起的，解决的是教育教学实践中存在的现实问题，共同体的发展目标是为了提升教育教学实践效果，实践性特征非常明显。

三、名师工作室的运行机制

运行机制，是指在人类社会有规律的活动中，影响这种活动的各要素的结构、功能及其相互之间的关系，以及这些要素产生影响、发挥功能的作用过程和作用原理及其运行方式，是一种"具有规律性的活动模式"。教师专业学习共同体运行机制是指教师专业学习共同体在实际的运行过程中，影响运行的各要素的结构、功能及其相互联系，是教师专业学习共同体运行过程中具有规律性的动态调整模式。具体来讲，即影响教师专业学习共同体的动力，整合、激励、控制、保障等各要素对教师专业学习共同体的运行产生影响、发挥功能的作用过程和作用原理及其运行方式。各要素之间既相互联系又相对独立。所谓相互联系，即影响教师专业学习共同体的动力机制、整合机制、激励机制、控制机制、保障机制等各要素之间只有共同作用才能推动教师专业学习共同体的运行，缺少任何一方的参与都将影响教师专业学习共同体功能的有效发挥；所谓相互独立，即影响教师专业学习共同体的动力机制、整合机制、激励机制、控制机制、保障机制等各要素既通过合作共同作用于教师专业学习共同体，同时各自又有自身独特的运行规律。各要素之间正是通过"平衡—失衡—再平衡"的螺旋上升轨迹推动教师专业学习共同体向前发展。

（一）运行动力机制

教师专业学习共同体产生与发展的原动力就是教师对教育事业的使命感、事业心与责任感，是教师对"加快教育现代化，办好人民满意的教育"美好教育愿景的不懈追求，这种原动力在实践过程中主要表现为内部动力和外部动力两种形式。所谓内部动力，即教师面临实际的教学情境，发现自身现有的专业素养无法满足成就愿望和事业发展愿景的需求，或遭遇无法解决的难题和困惑，因此而产生的参与专业共同体学习的动力；而外部动力，即指外部条件的改变迫使教师参与专业学习共同体以应对日新月异的变革，如由于教育主管部门和学校行政命令要求教师必须参与专业学习共同体而产生的动力，或渴望获得表彰和同事认可而产生的动力都是典型的外部动力。无论是外部动力还是内部动力，都遵循"新的希望—希望得不到满足—发现差距—产生动力"的发生模式。

（二）运行整合机制

教师专业学习共同体在运行过程中要整合不同教师的发展目标、教师与学生之间的发展目标以及教师与学校之间的发展目标，实现不同群体之间的利益整合，进而实现最优的发展目标。实践过程中，教师专业学习共同体主要通过构建共同的发展愿景来整合不同群体的利益，以调动所有利益相关者共同为实现共同体的发展目标而努力奋斗，如构建自我提升的共同愿景来整合教师群体的发展目标，构建提升学习效果的共同愿景整合教师与学生之间的发展目标，构建教育教学质量提升的共同愿景整合教师与学校之间的发展目标，构建提升人才培养质量的共同愿景整合所有群体的发展目标。同时，遵循差异互动的原则，对群体内部不同个体之间和不同群体之间发展目标进行动态整合，根据发展环境、发展阶段和发展需求的不同对共同愿景进行发展和完善，以实现最大限度代表共同体的发展目标。

（三）运行激励机制

激励机制一般由激励标准和激励手段两个基本要素构成。任何组织都以"是否有助于推动组织目标的实现"为激励标准，教师专业学习共同体同样以"是否有助于推动教师个体和教师群体专业素质的提升"为标准决定对成员进行激励。不同的组织会选择适合自己的激励手段来实现激励效果的最大化，教师专业学习共同体作为一种自觉形成的专业学习共同体，在运行过程中主要采用目标激励、环境激励、情感激励等手段。所谓目标激励，就是在满足成员基本需要的基础上，不断鼓励和激发成员对更高目标的向往和追求，教师专业学习共同体主要强调教师个体及群体专业素养提升的重要性；教师专业学习共同体运行过程中的环境激励，即通过营造宽松、和谐、有助于交流的共同体环境，激励教师向更高的专业标准前进；教师专业学习共同体运行过程中的情感激励，主要是指赋予那些推动共同体发展的教师更高的地位和尊重。

（四）运行控制机制

教师专业学习共同体是一种半结构化的组织形态，其运行过程中的控制机制是一种柔性控制，从控制主体的角度出发可以将其分为自控机制和他控机制。其中自控机制，主要指共同体成员通过自律，自觉地参与到学习共同体活动中，通常共同体内部也会形成一些诸如定期开展活动、议定主题等活动规范，对教师成员开展活动进行引导；他控机制主要指学校层面或教师专业学习共同体依托的其他层面对教师专业学习共同体开展活动的时间、地点、内容等制定的指导性意见。无论自控机制还是他控机制，教师专业学习共同体在运行过程中都具有较大的弹性。控制机制所强调的是对教师的思想和行为的进一步解放，而不是强制。随着教师专业学习共同体的逐渐发展成熟，共同体成员的自觉性得到充分激发，教师专业学习共同体将主要依托自控机制来调节运行，他控机制逐渐被淡化。

（五）运行保障机制

保障机制是教师学习共同体实现运行的前提条件，主要指内外环境对教师共同体正常运行所提供的时间、经费、场地等条件保障。内部保障主要指教师成员参与共同体活动所能投入的时间、精力，教师在日常的教育教学实践过程中通常面临着来自教学、科研、家庭等各方面的压力，投入到共同体活动的时间和精力是有限的，因此需要教师规划好自己的生活。外部保障主要指外部环境为教师专业学习共同体提供的场地、经费等发展条件，如某些地区和学校投入专项经费、制定教师专业学习共同体专项经费使用制度，为教师专业学习共同体提供活动场地，尽量避免占用教师的非工作时间等都是教师专业学习共同体的外部保障机制，是保护和维持共同体正常运行的重要条件。

第四章 教师专业发展与职前教育

一、师范生职前教育的培养任务

关于教师教育改革和高等师范院校的改革成为一个研究的热点领域。随着基础教育课程综合化、个性化及社会化的改革，高等师范院校面临着严峻的挑战，促使高师院校办学理念、专业调整、课程设置、教学方式及管理模式等进行一系列变革。然而讨论了几十年，对学科类课程与教育类课程的比例、如何有效地开展教育实习等问题人们依然没有形成共识，也很少有具有师范价值的案例。

我国师范生职前培养在很多方面还需要改进。第一，课程设置。普通教育课程过于狭窄，真正能体现当代自然科学、人文社会科学发展现状的课程及综合性学科课程尤其缺乏；偏重学科专业课程，其在课程体系中所占比例过大；教育专业课程课时少，内容陈旧且方法单一，不能与时代接轨；教育实践课程时间短且流于形式。第二，组织管理。我国教师职前教育历来皆以师范院校为主，教育行政部门和中小学只是简单的协作关系。这在事实与事理之间出现了一个悖论：教师职前教育的主要教育者没有教育的决定权和教育经费，不从事中小学教育的师范院校却掌控着学习中小学教育经验的教师职前教育。

人才的培养要靠教育，教育的关键在于教师。我们传统的教师职前培养模式受到了前所未有的挑战，那些掌握或者模仿教学技巧和所谓最佳教学实践的教育工作者在他们工作的前两年也许略有优势，但是从长远看来，较之那些学习如何对工作进行思考、在教学中具有实验精神并注意探索学习过程的教师来说，他们的教学就会失去效果和力度。

我们应正视传统师范生职前教育存在的问题及其导致一系列不良的后果。比如，课程设置得不合理会使得师范院校盲目向综合性大学同类专业看齐，二者在学科专业课程门类上几乎完全相同，忽略了师范院校自身的培养目标；师范生职业素质不高，缺乏教育技能，不能完成从师范生到教师的教师转换。组织管理错位会导致师范院校制订的教育实习计划，并不适合中小学的教学实际，甚至打乱了中小学的正常工作；实习学校认为是尽义务，中小学指导老师应付差事，期待准教师尽早离校，以减少他们整顿班风和补课的难度；准教师很难融入中小学教师群体。要摸索有效的教师职前模式，培养创新型教师，职前培养模式的改进显得刻不容缓。

二、师范院校培养教师专业素养的几种途径

（一）优化课程内容

在我国，高中过早地分文理科导致学生基础知识缺失。进入大学，一般是录取进校就按专业进行教育教学，使得学生的知识面更加窄小。我们要从基础教育课程改革对综合课程师资的实际需要出发，改变课程内容的设置，合理设置文理综合、社会、自然、多民族文化课程，以适应当前文化向多元化发展的趋势，以应对当前我国改革中多种文化的碰撞和冲突。课程的重点应该放在当代社会的问题、社会的主要弊端、学生关心的社会现象等方面，要让学生通过社会参与，形成从事社会规划和社会行动的能力。学校的课程应该帮助学生摆脱对外部强加给他们的世界观的盲目依从，使学生具有批判的意识。

（二）调整课程结构

我国师范院校专业课程中教师教育课程比重极少，重专业知识，轻教育理论的传授。师范生教育实践课形式单一，教育实习时间少。因此，需要加大教师教育理论课程比例，增加教育实践的时间和强度，改变传统的集中某段时间教育实习模式，制定师范生在整个学习中连续安排教育见习和实习，让师范生有充足的时间来将教育理论知识娴熟地运用于教育实践中；教育实习可以采取与在职教师进行角色互换的形式，师范生去中小学实地实践教学 1~2 年，在实践中结合教育理论知识进行教学，而在职教师回高校学习新的教育理论，这样做的好处是既有助于师范生毕业后迅速适应教学工作又可以在一定程度上辅助教师职后教育。

同时，课程设置要面向学生实际和中小学教育实际。我们要改变师范院校和中小学隔离的状态，更多地开设面向中小学实际的对话课程和实践课程，让师范生具备面向教学实际和实践的教学策略和技能，从而切实解决教师职前教育课程中存在的理论和实践的断裂问题，完成从"教书匠"到"教师"乃至于"教育家"的转变。

（三）加强教育行政部门、中小学与师范院校三者的合作

基于国外经验和我国的实际，要改变教师教育组织管理现状，应要三种力量通力合

作，明确各自的职责。其一，教育行政部门。他们的工作重心是：组织各方面专家制订《教师职前教育方案》。确定师范生职前教育的指导思想、教育经验课程的设计框架、绩效鉴定与考核办法、督促检查制度等；组织各中小学的专家联合设计编写以"实践"为核心的经验课程教材等。其二，师范院校。他们的任务是：从教育理论的视角对《教师职前教育方案》的制订与修改、对经验课程的设计，提出合乎教育规律的建议；配合中小学经验课程的开设，提前做好学科专业与教师专业的知识准备；按计划向中小学输送接受教师职前教育的学员；定期不定期地深入中小学，对教师职前教育进行调查研究，收集中小学的反馈意见，以改进教师专业教育；开展优质课竞赛评选和优秀班主任工作经验介绍等活动。其三，中小学。准教师接受职前教育的根本目的，就是为了做中小学教师，他们的"实际教学技能"的绝大部分必须在中小学中获得，主要通过中小学教师的日常指导。从这点出发，中小学的任务是：聘请有经验的教师担任经验课程学习的指导教师，落实好他们的指导任务；依据《教师职前教育方案》，分段、分班、定时，让师范生在经验课程的实施中学习经验；对教师职前教育经费专款专用，主要用于经验课程建设、课程活动开展、指导教师酬金、师范生生活补助等方面；负责师范生入校生活安排和出校绩效鉴定工作等。

三、反思职前教育促进教师专业发展之不足

（一）教育信念：师范生"职前教师专业发展"的精神支撑

对于教育信念和教育行为的关系，教育信念作为积淀于教师个人心智中的价值观念，是应用型的，它会以一种无意识的经验假设控制教师的行为，因此，教师的教育行为往往是其教育信念的实现和表现。同时，教育信念也是教师对教育事业、教育理论及等与教育活动相关的理论和观念的确认和信奉。教师的教育信念体现了教师对教育事业的精神追求，并往往是支配教育者教学行为的驱动力，因而，教师的教育信念也是教师专业发展的重要一环。作为分析教师专业发展的一个维度，教师的教育信念反映的是教师对教育、学生以及学习等的基本看法，它形成之后，在一段时间内保持相对稳定。教育信念在教师专业结构中位于较高层次，它统摄着教师专业结构的其他方面。教师的教育观念是教师成长的支撑品质。由此可见，教师的教育信念在教师专业发展中占有十分重要的地位，可以说教师的教育信念影响着教师的专业发展的道路。就师范生来讲，是否有合宜的、坚定的教育信念也是影响师范生"职前教师专业发展"的主要原因。

（二）自我反思：师范生"职前教师专业发展"的掘进器

在教师专业发展领域，研究者普遍认为，反思是教师专业发展的重要基础，在教师专业发展中"经验+反思＝成长"，没有反思的经验是狭隘的经验，至多只能形成肤浅的知识，如果教师仅仅满足于获得经验而不对经验进行深入的思考，那么他的发展将大受限制。"优秀教师＝教学过程+反思"。"实践—反思"是教师专业发展的一个重要的取向，通过反思促使教师形成"反思性实践"能力，通过"反思"促使教师对于自己从事的教育活动做更为深入的理解。可以说，反思是促进教师专业发展的自我教育的一种手段，通过这样的一种手段教师可以对自己的教学活动作深入的认识并做出自我改造，从而不断提高自己的教学水平。从这个意义上讲，反思是教师专业发展的重要途径。

同时，研究表明，师范生已经具备反思的潜能和倾向。职前教师在反思性的发展上有如下特征：第一，大多数职前教师的反思都是反应性的，而非先于活动的预测性的。也即是，描述性和技术性的反思占据主导地位。第二，如果给予多重的多种的反思机会，所有的职前教师至少能够表现出两种水平的反思。第三，如果给予反思性谈话和写作的机会，职前教师能够对自己的想法和特征有清醒的认识，并且能够获知自己如何思考以及如何把握思想通过言行传递给他人。第四，职前教师在对临床经验的认识上是主观的，在某些教学特征上可能会表现出个人的偏见。

师范生已有的观念成了他们教师教育阶段学习内容的"过滤器"，他们在教师教育之后并不会产生新的教育观念，而更多的是为原有的观念进行辩护。师范生不仅已经具备了反思能力，而且十分需要通过反思来审视以前的教育观念以获得新的教育观念。我们需要提供师范生反思的条件和机会，尤其要帮助师范生建立反思的意识并提供反思的方法。

（三）发展极：师范生"职前教师专业发展"的切入口

"发展极"理论的核心是一个国家或地区的经济增长中某些主导部门致有创新能力的企业或行业在一些地区或大城市的聚集，将通过该地区优先得到发展，形成一种资本与技术高度集中、具有规模经济效益、自身增长迅速的"发展极"，通过它能对邻近地区产生强大的辐射作用，从而带动相邻地区的经济发展。增长极理论指出，一个国家要实现平衡发展只是一种理想，在现实中经济增长一般是从一个或数个"发展极"逐渐向其他部门或地区传导。因此，应选择特定的地理空间作为增长极，以带动经济发展。

对于教师的专业发展，发展极可以用来作为区分教师发展的类型、发展的层次和阶段的依据。教育家和特级教师作为发展极现象，是发展的一种类型和发展的一个层次。这一论述的重要意义在于将教师的发展与经济上发展极的理论联系在一起。当然，这里是从宏观的角度即整个教师的状况的发展来看，实际上从微观的角度来看，具体到个体的教师专业发展，可以看到微观上教师个体的专业发展也有其"发展极"。

对于师范生，在职前教师专业发展的这一阶段，这种发展极一般表现为实习生的某一项与语文教学相关是特长，如在我们跟踪调查的实习组中，有一个实习老师在文学方面有特长，他所在班级的同学都兴起了一股写作之风；有一位实习老师的拿手好戏是朗读，因此他们班的诵读水平普遍较高。

可以说，在师范生"职前教师专业发展"的历程中其"发展极"并非同时出现在所有方面，它从不同的强度，首先出现在一些与个性特点相契合的方面，然后通过不同的渠道向教学的其他方面扩散，并对师范生的职前教师专业发展产生不同的最终影响。由此，就需要我们着力根据师范生各自的特点发展自己的"发展极"，以促进师范生"职前教师专业发展"的发展。

第五章 教师专业发展与在职培训

一、在职培训的几种途径

终身教育思想和学习化社会理论都要求人们不断学习、终身学习，而作为教育工作者的教师，更应该在这方面做出表率。在教师专业化呼声日渐高涨的今天，教师的在职培训，越来越受到人们的关注，教师在职培训的内容、途径、方法是教育理论工作者广泛关注的课题。在我国教师培训的途径主要有院校培训、教师专业发展学校、校本培训等。目前，我国的教师在职培训主要是院校培训，而从长远看，校本培训、教师专业发展学校等模式大有可为。

（一）高校为本的教师培训模式

现在，教师教育改革的一个基本走向就是教师教育中心的后移，即在大学本科教育中，逐渐模糊师范与非师范的界限，学生主要接受普通高等教育，教师教育主要体现在入职与在职教育，这种教育主要在综合大学的教育学院或专门设置的师范大学中进行。

而我们目前的高校为本的教师在职培训主要体现在教师后学历的提高上，或者说，我们正在进行的高校为本教师培训模式主要是一种学历补偿教育。而这种学历补偿教育基本延续了普通学历教育的模式，只是一种知识的更新和补充，无论从课程设置还是教学方式等，离教师教育专业化的要求相差很远。

在现代教育制度下，高等教育机构是实施普通教育基础上的专业教育的主要场所，教师在职培训是以高等教育机构为主体而进行的。高校为本的教育模式具有很强的理论优势，具体说，以大学系科为基地的教师培训模式理论性强，在高等教育机构中进行的教师培训可以较好地塑造未来教师的专业理论知识，为教师专业化提供很好的理论支持。但教师是实践性很强的职业，教师培训必须加强与中小学的合作，教师专业发展学校的培训模式就是在这种情况下诞生的。

（二）教师专业发展学校

在我国，建立教师发展学校的探索是从多年前就年开始的，我国的教师发展学校是在现行中小学建制内进行的功能性建设，它强调中小学的教师发展功能；教师发展学校由大学与中小学合作建设；教师发展学校在合作研究的实践中实现教师的发展；教师发展学校不断革新和创造，它是一个动态的、变革的、富有创造性的尝试。

（三）校本教师培训

在国外，教师发展学校更多地表现为教师职前教育的"临床实习学校"，传统的教师在职培训重理论轻实践的模式怎样得到改进，是摆在教师教育工作者面前的现实课题，于是教师校本培训模式便应运而生。这种模式最早在美国、英国产生，其初衷在于解决教育理论与教育实践之间的分离，强化教师专业的实践性，加强教育理论与教育实践之间的联系。

关于校本培训的界定，众说纷纭，欧洲教育协会的界定是，指源于学校课程和整体规划的需要，由学校发起组织的，旨在满足教师个体工作需求的校内培训活动。国内关于校本培训的界定与以上界定大同小异。

这种教师培训模式主要有以下几个特点：第一，连续性，由于是以中小学为基地，从而有利于在职教师连续不断地接受培训，在时间上，表现为培训过程的全程化；第二，实践性，正是由于理论与实践的张力，促使研究者与实践者共同转向具体的学校教育实践，因此，这种模式，天然地带有强烈的实践性，也正由于此，使它在众多的在职教师培训模式中脱颖而出，备受广大在职教师的青睐；第三，灵活性和针对性，这主要表现在培训方法上，培训者可以根据每一所学校的具体情况，制定具体的培训方法，甚至可以根据每一位教师的情况，制定相应的培训方法，真正做到因地制宜，因材施教，从而彰显教师在职培训的个性化特征。

中小学教师的全员培训应以校本培训为主，校本培训在我国得到了高度重视，校本培训的研究成果也如雨后春笋般出现，而且这股热潮至今方兴未艾。

二、教师群体合作学习的优势

（一）合作的必要性

教师作为普通人的视角之所以首先从"普通人"的视角来审视教师为什么需要合作的

问题，是因为当前人们在讨论教师角色定位的时候多倾向认为，教师角色是一个"作为教师的人"和"作为人的教师"的统一体，而且一个越来越明显的趋势是，讨论任何有关教师的问题时，都不能忽略教师首先是一个"普通的人"。

那么，从教师作为普通人的视角出发，教师同事之间是否需要合作？人是社会性的动物。人类长期的生活经验表明，人际之间的合作是求得生存的基本条件与手段。没有合作，就没有人类的生活，也没有人类社会的前进和发展，人际合作的必要性和重要性显露于人类社会生活的各个层面。从微观的层面来看，人因为合作而有伴侣、有家庭。人类的婚姻、家庭关系是社会合作的最基本、最普遍的表现。人类家庭制度不管怎么变化，这种合作关系是永存的，不同的家庭形式只不过是由社会经济制度所制约的不同的合作方式。而从宏观的层面来看，社会的政治制度、国家体制以及各种社团组织的存在和发展都是人与人之间合作的结果。假如缺乏人与人之间的合作，任何政治体制、经济体制、科技、教育和文化体制都是没有活力、没有前途的。历史事实无数次证明，一个国家，其全体国民之间，社会各阶层、各民族、各党派之间的团结合作，是这个国家长治久安繁荣富强的根本保证，在人类创造自己历史的过程中，交织着成功与失败。一切成功的历史事件都少不了参与者之间的团结合作、共同奋斗；而不论何种政治力量，其自身的内讧与分裂都必然导致它的失败与灭亡。

人类社会的飞速发展，在很大程度上应当归功于合作。当今，人类历史已经进入21世纪。新世纪向人类提出诸多挑战：人类生存环境进一步恶化与人类有没有能力面对环境的挑战；经济全球化趋势与社会秩序不公平向人类提出解决社会矛盾的智力挑战；信息技术和知识经济时代特点向人类的生存方式、价值观念和学习方式的挑战；等等。应对这些挑战，不仅人与人之间需要加强合作，而且全球的地区之间、国家之间、民族之间等都需要加强全面合作。因此，在21世纪，合作的意识与能力在人的素质中将占有重要地位，没有合作精神的人是无法立足于世的。

可见，合作是人以及人类社会生存发展的基本方式。而在社会生活中，教师是一类特殊的人，是向学生传递人类积累的文化科学知识和进行思想品德教育，把他们培养成为一定社会所需要的人才的专业人员。合作理所当然也应该是教师的基本生活方式。

（二）合作的必要性：教师作为专业人员的视角

1. 合作是由教师的劳动特点所决定的

教师的劳动特点之一是具有集体性。虽然表面看起来，每一个教师所承担的教学任务是特定的，但这种分工并不意味着教师可以独立地完成所有的教育教学任务。从学生成长的角度来看，学生的德、智、体、美、劳等方面的全面发展需要教师多方面的劳动，而由于教师自身能力的局限或由于学校的课程安排，每一个教师都主要负责学生方面某些方面的教育，因此，他（她）对学生发展的贡献是有限的，换言之，每一个学生的发展都是若干个教师集体劳动的成果。但在促进学生成长的过程中，将若干个教师的劳动成果机械叠加起来不一定就能实现学生发展的目标，其中蕴含的前提条件是，教师必须在目标一致的前提下从事合作劳动。唯有这种目标一致的合作劳动才能使众多教师的劳动形成教育合力，从而高质量、高效率地完成教育教学任务。

教师职业基本上是孤立的活动，但是为了改进教育质量并使其更好地适应各个班级或各类学生的具体特点，集体工作仍是必不可少的，尤其是在中级阶段。因此，促进学生发展的教师劳动不仅是集体性的劳动，更进一步说应该是合作的劳动。

2. 合作是教学工作的不确定性所决定的

教学工作具有不确定性的特征。作为"职业风土病"的"不确定性"普遍存在于教师的职业活动中。

如果稍做比较即可发现，相比较其他行业来说，教师在教学工作中面临着诸多的不确定性，这使他们很难准确地评价自己的教学和工作成就，从而对他们的专业发展造成了消极影响。一般来说，技术行业的从业者都必须根据预定目标来不断地调整行为；都必须监控自己的每一个行动步骤并根据反馈信息及时修正错误。当行动结果在时间上出现较晚的时候，这种监控显得尤其重要。这种基于精确目标和固定标准的工作监控与行为调整是具有积极意义的。因为它不仅能使从业者尽量避免工作过程中的长期失误和造成重大损失，还能使从业者从工作中获得效能感、成就感、满足感和自信心，并使其不断地产生追求自我发展的动机。在思考教师的时候，可以把他们看作是在从事一种技术行业，这样便于与其他技术行业的从业者进行比较。那么，教师是否也如其他行业的从业者一样具有明确的评价自己工作的标准呢？答案是否定的。这主要是由以下几方面因素导致的。

其一，模糊的教学目标。一般来说，教学目标是很难精确描述和量化的。社会上那些生产实质性产品的人很可能使用一个固定的模型，来检视自己的中期产品是否与最终目标相符合，他们使用工作模型、蓝图、计划和详实的说明书。但是教师则不具备这种具体的标准。可见，与其他的技能性行业相比，教学的工作过程以及教师的劳动结果很难用确定的评价标准来衡量。也许有人会反驳说，教学工作也有自己的预定目标，它们可以为教师提供评价自己教学效果的依据。但是我们应当看到，教育教学目标总体来说是难以精确量化的，换言之，它们具有模糊性。比如说，促进学生的"认知发展""道德品质发展""个性发展""情感智力发展""综合能力发展""思维品质发展"等具体的教育教学目标都是相对模糊的概念，它们远远不及工业生产中对某类产品的尺寸、大小、体积等预先设定的精确性。我们认为教学目标是"非实质性的"，它们具有非实在性的特征，教学工作的这种特征决定了教师在教学过程中很难找到衡量工作效果的尺子。

其二，多元的评价标准。教师很难找到一个得到普遍认同的标准来评价自己的教学。教学本来就是一项融合多个目标、承载多项任务的工作。随着现代教育的发展，教学的目标与功能越来越复杂，很少有人再单纯地把学校工作的目的单纯地定义为发展学生的智力，通常倾向于把一系列的社会化目标都寄希望于教学工作，换言之，教学工作的目标越来越倾向于泛化。这意味着评判一个教师的教学行为将需要从多个维度来进行，即从科学、道德、审美等方面来衡量其教学是否达到了真、善、美的标准。但是，在价值多元化的社会里，人们对于究竟什么是好、什么是美、什么是真并没有固定的评价标准。在这种多变的、模糊的评价标准面前，教师往往感到无所适从，不知道自己究竟怎样做才是最合适的，也不知道这样从事教学才能得到学生、家长和社会的认同。而某些技术行业（如律师、工程师和医生等）却并非如此。人们往往可以依据单一的、没有争议的标准来对其所提供的产品和服务进行评价。律师是否赢得官司，工程师设计的桥梁是否能承受确定的重量，医生是否能治疗病人的疾病也许是衡量其工作的确定标准。可见，与这些行业相比，教学工作的评价标准具有多元性和模糊性。

其三，滞后的教学反馈。心理学研究表明，对于行为改进来说，信息反馈是否及时、准确都是非常重要的。飞行员在进行降落训练的时候，每一次降落飞行员都能立刻知道自己是否实现了目标，然后不断地调整自己的动作，逐渐靠近降落目标。可见，飞行员的行为自我评价时间是确定的，即在每一次降落之后，飞行员立即就能知道自己是否准确地降落在固定的目标上。由于目标确定、反馈及时，飞行员在完成一定数量的练习之后，就能达到一定的技术水准。然而，教师却很难在上完一堂课之后立刻知道自己的教学效果究竟怎样，即使经过一个月、一个学期或一年也很难说取得了多么明显的教学效果。这种情况尤其体现在教师对学生所施加的道德教育方面。很显然，教师的道德教育结果要靠学生的道德水准的提高来体现，但学生的道德水平提高是一个漫长的、渐进的过程，因此，无法指望某个教师在上完某节思想道德教育课或完成一个学期的道德教育任务之后，他（她）立马就能看到学生的思想境界和道德水准出现一个跨越式的发展结果。这充分地体现出教师的教学反馈是滞后的，也可以说，教师的教学效果是非常模糊的，相应地，教师的评价标准也只能是非精确的。

其四，影响界限不清晰。从本质意义上来说，教师的劳动属于集体劳动。学校中的每个教师都在自己的教育教学过程中，利用自己所掌握的知识和人格魅力上对学生产生独特的影响，但个体教师对学生的影响究竟是什么，究竟有多大却很难说清楚。因为一个学生的成长往往凝结着多个教师的劳动成果，是多个教师多年劳动的结晶。同时，在学生成长过程中，家长、同学、亲戚朋友乃至于社会等其他教育力量也对他们施加了影响，这种混沌不清、错综复杂的影响链使得学生自己在成才之后也很难说清楚究竟是哪位教师、哪种教育因素造就了他们的才能。个体教师在无法判定自己对学生的影响程度情况下，就不能明确自己的工作效率和劳动结果究竟是什么。

其五，工作的无边界性。教学工作是一个无底洞，在现实中，大部分教师对此都深有感触。我们可以从时间、空间和深度等多个维度来分析教学工作的无边界性。首先，从时间上来看，尽管学校有固定的出勤时间表，但是这并不意味着所有与教学相关的工作都在教师正常的上班时间内完成。教师利用课后甚至是牺牲休息、娱乐和睡眠时间来完成备课、批改作业和试卷、家访、准备教学材料、制作课件等工作是最为经常的事情。因此，教师的工作时间可以说是有界限的，也可以说是没有界限的。一些富有责任心和事业心的教师往往感觉到自己不存在上班时间和下班时间，他们的心目中始终装着学生，他们的思绪始终为课堂生活所牵引，一些酷爱教育工作的教师甚至一辈子都没有停止过思考自己钟爱的课堂，教学的无边界性在他们身上得到充分体现。其次，从空间上来看，教学工作也并不仅仅局限于课堂和学校，而是延伸到教师的私人生活空间里，这一点与教学时间的延伸性是紧密联系在一起的。最后，从教学的深度方面来看，教师的教学即使已经得到了深入透彻的地步，也无法宣布自己的工作已经完结。而有些行业则并非如此。比如，医生治好了病人的疾病之后，工作就完成了；律师所承接的案件结案了，工作也随之结束了。但教师在完成某一个单元的知识教学之后，随之而来的复习巩固、知识拓宽与深化等工作则需要无尽的努力。

教师工作的不确定性表现在很多方面，包括预测教育结果、评价学生的学习、影响学生的行为、示范作用、对变革和教学事件的快速反应、对教学独特性的体验等方面。

总之，不确定性是教学工作的一个重要特征。由于不确定性的存在，个体教师在工作中容易产生迷茫感，且容易因缺乏工作成就感和效能感而失去自信。

如何消除教学工作不确定性给教师专业方面带来的负面影响呢？多数研究者都认为，工作上的这种不确定性是教师无法逃避的，教师的最佳应对之策是加强同事之间的合作，利用集体的智慧来克服来自工作本身的专业发展阻力。

因此，教学工作的不确定性客观上要求教师必须用同事合作的策略来进行有效的应对，而离开合作，教师很难克服工作不确定性给他们带来的困惑和迷茫，这势必会影响教育教学工作的顺利开展，也会使其专业发展失去旺盛的动机和活力。

3. 合作是后现代社会教师生存方式的最佳选择

当前社会正在从现代社会转向后现代社会，这必然给教师提出许多新的挑战。那么，如何理解后现代呢？在哈格里夫斯看来，不应当把后现代主义与后现代时代混为一谈。他指出，后现代主义更多是文学、艺术学、建筑学、哲学等经常使用的术语，它包含着这些领域的特定风格和实践模式等，而后现代时代则体现着一种新的社会状态，混沌、模糊、复杂性、多样性、差异性、偶然性以及变革等都是描述后现代时代特征的关键词。后现代社会的这些新特征和新变化使得教师职业面临着前所未有的挑战。

首先，这种挑战体现在教师工作的时间投入必须大大增加。由于信息技术的变革使教学工作对知识数量和质量的要求不断提高，教师需要花费大量的时间来摄取、过滤、整理和选择适合教学需要的知识和信息。因此，尽管表面看起来教师的日常教学时间比以前并没有增加，但实际上为了胜任变化了的教学，教师的"隐性教学时间"却在不断增加。

其次，后现代时代的教学对教师的劳动强度有了更高的要求。在后现代时代，教师的劳动对象、家长要求、工作环境、劳动手段、人际关系等处于一种不确定的状态，这使得教师每时每刻都生活在混沌的边沿，为了应对变化，他们必须付出质量更高、强度更大的劳动。

再次，后现代时代的多变性使得教师的教学情感正在经受考验。在后现代社会，教师一方面更加关注教学的道德目标——促进学生全面、健康地发展；另一方面在信息来源多样化、教育力量综合化的时代，教师很难从其工作中获得成就感和满足感，进而产生一种罪责感。这突出地表现在教师经常被自我失望、做了坏事的意识、背离了个人的理想、没有得到标准或未能很好履行责任等不良情绪所困扰。除上述几个方面之外，在后现代时期由于人们偏激地强调共识，教师的个性容易迷失，从而使教学职业原本具有的孤独感得到了进一步强化。

由此可以看出，社会的发展变化给教师带来的挑战不仅表现在劳动时间和劳动强度的增大，而且还表现在教师的情感正在遭受前所未有的考验。教师应对这些挑战和考验的最好途径是不断地加快学习步伐和变革学习方式，把合作引入到学习过程中。

对后现代社会的教师学习必须加以新的理解，即教师应当以相互合作、相互适应的方式来从事学习活动，这样才能快速地、有效地培养教师个体和群体适应社会变化的能力，反之，如果教师仍然采用传统的封闭式学习方式，则必然会在快速变化的社会和频繁的教育变革中被淘汰。

以上只是从教师劳动的特点、教学工作的不确定性以及后现代社会对教师的挑战等维度来讨论教师间加强专业合作的必要性和迫切性。当然，还可以从更多的角度对这个问题加以全面和深入分析，由于本文的其他地方还将涉及，故这里暂且至此。

三、名师工作室促进教师专业发展的独特之处

在欧美国家，人们强调教师合作背后的一个很重要的思想背景就是合作与同事关系有助于教师专业发展这一观念。在我国，有学者称这种合作的教师专业发展方式为生态取向的教师专业发展。这种教师专业发展观认为，不仅教师个人，而且人与人互动产生了个人无法产生的东西，教师比以往更加关心"文化""社群""合作"与"背景"等。正是"教学文化"或"教师文化"为教师的工作提供了意义、支持和身份认同。而对于教师而言，更容易受到来自所在具体群体、"教师文化"的影响，从而影响其教学的实施。因此，基于生态取向的教师专业发展比理智取向的教师专业发展和实践—反思取向的教师专业发展，更具有独特的优势。

总体来看，教师合作对于教师发展的意义主要体现在以下几个方面：

（一）专业合作有助于激发与强化的教师发展意愿

教师发展概念所强调的是教师作为终身学习者和研究者的持续变化过程，而对于教师的终身学习与发展来说，主要取决于两个方面的因素：一是专业知识、能力等认知因素，这些因素规定了终身学习与发展的能力；二是动机、态度、价值观和自我形象等非认知因素，这些因素规定了终身学习与发展的意愿或准备状态。

以往世界各国促进教师发展的努力中出现的问题，不仅仅在于其偏重认知方面的因素，而且还在于其激发教师发展动机和意愿的时候，过于依赖外在的、制度性激励或约束，而未能充分认识满足教师个体内在的社会—情感需求的意义。之所以如此，与人们对情绪、情感等的错误认识有关。长期以来，一个重要且不正确的理论概念就是，要获得最好的结果，情感因素必须排除在外。理性的过程一定不能受到感性因素的妨碍。然而，理智取向关注教师的当前专业状态，而对于学生的影响，就决定于教师的当前的知识结构，是属于技术理性的教师教育观。因此把科学理论作为专业知识的源泉，把专业实践视为一

种应用科学和技术解决问题的过程。实践反思取向认为教师首先是一个完整的整体的人，教师的专业发展与其他方面如职业周期、心理发展等有着交互作用，认为人本身有很丰富的历史和现在，并具有一部分影响教学的个人的东西。"我的"是最有力量的最有说服力的，而影响学生影响教学的，往往是教师知识中"我的"那一部分。在真实的生活中，单纯逻辑的探索是不可能存在的（因为受到资源、多重需求和与他人协调等等问题的限制）。毋庸置疑，我们的探索必须付出行动——尽管会遇到种种限制，我们必须为我们的行动负责并承担行动的后果。这就是情感因素的必要性，它激励我们在未知、已知和实现目标之间建起了桥梁。越来越多的研究表明，个体的情绪、情感品质或状态在一定程度上决定着个体的行为。在众多情绪、情感因素中，焦虑就是其中最应引起高度注意的一种。

焦虑是那种或多或少由于情绪低落并因而产生对新情况和新变化的明显的怀疑和可能的抵制而产生的一种心理状态。焦虑通常包括个人不能确定能否达到外来要求或对完成一项任务所需要的精确条件感觉模糊，它反映了个人感觉缺乏必要的能力来进行有效的教育活动。总体来看，虽然关于教师焦虑理论的研究并不少见，但大多数人多关注焦虑对教师专业发展的消极影响，并由此把焦虑视作需要克服、消除的对象。

近年来我国一些研究者坚持认为，应当将焦虑看作是一把"双刃剑"，也即它对于教师专业发展来说是利弊共存的。焦虑作为一种多维的情绪变量，具有正反两种性质的作用：一方面，焦虑在某种条件下可能具有驱力作用，激发、维持、加强智力活动的进行。如果焦虑被权力阶层牢牢地压抑了，虽然压力的程度降低了，但是，与此同时，解决复杂问题的意愿和能力也就随之降低了。另一方面，过度的焦虑如果不能得到适当的控制，会发展成为职业倦怠，从而可能产生妨碍作用，妨碍、中断、削弱智力活动的进行。教师职业倦怠研究就证明了这一点。从某种程度上说，焦虑对教师的专业发展是一种激励因素，但过多焦虑的存在以及长期不能消除的改革压力则必然会对教师的专业发展产生不利影响，比如，教师过度的焦虑会降低其自我效能；导致教师产生职业倦怠，从而对教师专业发展表现出消极和抵制心理。

正因为教师焦虑对其专业发展具有双重作用，我们在推动教师专业发展的过程中，也需要采取双重的措施，即一方面要激发焦虑；另一方面又要控制焦虑。那么，采取什么样的措施才能确保这两个目标同时实现呢？一个普遍的声音是营造教师合作文化，因为教师合作具有双重的功能：它既可以激发焦虑，又可以控制焦虑，从而有助于教师发展意愿的激发与强化。

1. 教师合作可以激发和强化焦虑

教师合作之所以能够激发和强化焦虑，是因为教师合作具有一个很重要的特质，即它在教师集体内，允许和鼓励一定程度的差异的存在，强调多元化、开放化的批判性互动，而多元化、开放性和对解决复杂问题的迫切渴望能引发个人和集体的焦虑和冲突。换句话说，教师合作会给教师带来不同的观点的碰撞，这种碰撞会给教师带来"冲突"和"问题"，因而会给教师带来某种"焦虑"，但是也正是这种"冲突""问题""焦虑"看到了自身专业发展的现状与理想的差距，从而产生了维果茨基所言的"最近发展区"。这使得教师意识到自身专业发展的不足与差距，也看到了努力的目标，因此在思想上认识到学习和发展的必要性，专业发展的意愿由此生发，这种强烈的意愿对于教师专业发展来说才是最为宝贵的财富和不竭的动力源泉。这种发展意愿一旦得到激发，就会反哺于教师合作。很多研究都发现，专业发展意愿强烈的教师更有可能频繁地参与到各种专业合作活动中去。当教师合作文化发展成为一种普遍接受的日常工作文化时，教师们就有可能在一种安全的氛围中频繁地进行交流和对话，从而使得不同教师的观点持续地发生碰撞，产生出思想的火花。在一个良好的教师组织中，这种火花就是他们创造的源泉。生命力就是在不断建立冲突和对抗之中成长壮大，富有生命力的系统也是包含焦虑的，只是各方面的相互关系是积极的。

2. 教师合作能够缓解职业压力和控制焦虑

近年来无论是在西方，还是在我国，人们关于教师压力的研究越来越多。几乎所有的研究都揭示了一个事实：教师职业是一个压力较大的职业，且随着社会和教育的快速变革，教师面临的压力正在逐渐增大。当这些压力得不到释放时，教师就会产生越来越严重的焦虑情绪，而过度的教师焦虑必然会导致教师职业倦怠，它对于教师专业发展来说意味着一种阻力和危机。因此，如何从源头上来控制和消除教师专业危机就成为人们关注的一个焦点问题。

教师的压力来源很多，教师同事关系紧张就是其中之一，这直接启发了人们在考虑如何缓解教师职业压力的时候，应当采用加强同事合作的策略。同样，教师在面对其他压力源的时候，也需要各种各样的人际支持，如果教师自己陷入孤立主义，则不可能克服专业压力与危机，教师发展也就无法实现。

其实，近年来关于就教师压力的研究越来越强烈支持这样的观点：来自同事的支持会减轻教师压力和倦怠。同事之间的互动与合作活动能给教师提供一个社会认可和支持的基础，是深受教师欢迎的一种"压力的释放"途径，有了这种途径就可以减轻学校带给教师的紧张和焦虑。因为互动与合作活动有利于营造学校里相互信任的人际氛围，有助于教师在相互支持、相互理解和相互帮助中消弭过大的职业压力。

同事关系可以强化教师的道德视野和价值观，因此能够减少倦怠。而之所以如此，就是因为在一个相互支持与关心的合作文化背景下，个体觉得可以表达他们消极和积极的情感，坦陈失败与弱点，发泄怨恨和失望之气，表露喜爱之情。在这种相互依赖的友好环境中，教师感到最轻松、最愉快。教师同事间的社会互动可以发挥两个方面的作用：①有助于改善同事间的工作关系，这从长远来说会有助于改善教与学的质量；②可以改进教师群体的情感健康，因而有助于减轻情绪压力和倦怠。

总之，在那种把内部和外部、压力和支持都结合得很好的学校里，教师不仅会产生紧迫感，而且，这种紧迫感还会得到赞同、支持和通力的帮助。更确切地说，是那种充满合作精神的文化氛围有利于激发教师的紧迫感，因为这种环境重视学习，能够很好地激发和控制焦虑，鼓励探索和思考，并为一致的目标而工作。对于教师专业发展来说，"施压"和"解压"两者必须同时进行，而这关键要看教师合作文化的有无。

（二）专业合作有助于提高教师个体的反思能力

教师可以从同事那里获得的不仅仅是社会—情感支持，同时还有专业方面的帮助。工作场所可以提供两种支持：一是工具性支持，即提供完成某项任务必需的物质上的援助、建议或知识；二是情感支持，以关心行为和同情性倾听为特征。这两种支持在中小学经常是联系在一起的。而同事提供的专业帮助有助于教师个体反思能力的提高。

教师间的互动和合作对于教师个体反思能力的提高主要体现在同事可以扮演形成性评价者的角色。在教师专业发展历程中，教师希望能够得到多方面的及时的形成性回馈与协助，以便能够不断地提升其专业素质水平，因为教师个人的独立反思可能会由于视野的局限而出现偏差，而且也会由于视野的有限而难以走向深入；而同事间通过听课、观摩、讨论、交流等合作形式就可以扮演形成性评价的角色，有助于减少教师独立反思的偏差，有助于使教师个体的反思走向深化。合作对于个人的学习非常重要。如果我们不与人交往，我们能学到的东西是有局限的。合作的能力不论在小范围还是大范围内，在后现代社会正在成为十分需要的能力之一。只要他思想开放（即提倡探索），个人的力量与有效的合作相结合将变得更为巨大。因此，许多研究者提出，反思性教学应是一种依赖群体支持的个体活动，它必须具有开放、负责和全心全意的心态，需要合作的环境，它是一种合作、互动的社会实践和交流活动。好的反思性教学既是自我批判的，也应是合作民主的。

（三）专业合作有助于促进学校组织学习

教师合作的价值不仅仅停留在激发情感和动机水平上，也不仅体现在促进教师个体反思能力的提高上，同时还体现在知识、技能以及对实践经验的总结和推广上，亦即体现在教师集体的发展、学生的发展上，易言之，体现在对学校组织学习的促进上。

组织学习不同于个体学习：其一，组织学习不是个体学习的单纯累积或总和；其二，个体学习发生于个体内部，习得的内容无疑也停留于个体内部，而组织学习的学习内容则作为组织的成果积累起来，即使组织的领导人或成员替换了，仍然以组织文化的形式被传授着。这说明组织学习有着个体学习不可替代的价值。因此，教师发展研究不仅仅停留于教师个体的变化上，而是在以教师集体为媒介，将教师与环境的相互变化作为其对象。在这个相互变化的过程中，教师一方面内化工作学校的学校组织文化，另一方面在与同事一道对其进行改造、进行新的创造过程中实现作为教师集体的发展。每个教师的发展不外乎就是其结果带来的成果。

概括起来，教师合作对于学校组织学习的促进具体主要体现在以下两方面。

1. 教师合作有助于教师的个人知识、实践知识的总结和推广

组织学习也是组织内获取、创造和传播知识的过程。因此，对于组织学习来说，一个重要的条件就是要有系统的传播机制，即少数人的知识必须通过系统的机制为大家共享，转化为组织共有的知识。

近年来的关于教师知识研究的一个重大成果，就是揭示了教师实践知识的存在及其重要性。那么如何使这些具有"缄默性"的实践知识显性化，变成其他教师可以分享的知识，就成为学校组织学习和教师发展中的一个关键。而教师之间的积极互动与经验交流，则可以使教师的经验条理化、明晰化、结构化和概括化，从而有助于教师知识的获取、创造和传播。理解合作文化的本质和它所具有的作用，就是承认它在吸收全体成员的隐性知识（进而使他们变成显性知识）方面具有功能，同时它也能够积极寻求和吸收组织外部新的思想和知识。这样一个知识创新的过程对于成功具有核心意义。教师集体内部存在很多具有出色能力的熟练教师，在很多场合下，这都被作为教师个人的技艺来看待和评价的。但是，通过各自交换这种个人性、实践性知识，可以在教师集体内部建立起实践知识储藏，进而通过谋求其共有，使得磨炼相互的能力成为可能。

2. 教师合作有助于学校组织文化的形成、传授与变革

组织学习研究揭示了组织文化对于组织学习的至关重要性，因此越来越多的研究者认

为"应该从组织文化的角度来研究组织学习"。文化分为形态（主要是指校舍、教室的形态、服装样式、仪式等容易观察，但是意义却难以解读的事项）；价值、行动方式（基本上是由有关学习指导、生活指导的"制度性学校文化"构成）；缄默的前提（各学校的"形态""价值、行动方式"背后那些对于教师来说是不言而喻、毫不怀疑的一切观念）三个维度。并且指出：由教师同事间的提携而形成的教师合作体制，对学校组织文化的变革和学校组织学习，都是重要的基础。因为在以就职学校为基础的教师同事间的提携过程中的组织学习里，各教师可以获得上大学学习专业知识中不可能产生的学习成果。也就是说，在加深对其学校环境和学校组织的认知过程中，可以展开甚至到变革作为自明前提的价值基准从而改变行为方式的新的学习。而且学习成果被作为新的学校组织文化积累起来，通过对这些成果的学习可以带来教师的发展。换句话说，是因为教师合作体制使超越教师个体范畴的、作为集体的学习成为可能。其中，就连处于学校组织文化深层次的缄默前提都成为教师反思的对象，思维方式和行动方式的壁垒被打破，教师能力得到提高，教师发展获得实现。

　　关于教育改革的三维评判标准来衡量教师合作之于教师发展的价值的话，可以说它有长度，因为它注重教师持续发展意愿的激发、强化与能力的提高，从而保证了教师发展的可持续性；有宽度，因为它关注的是超越教师个体发展的教师集体发展；有深度，因为它强调教师发展与学校教育革新改善的一体化。因此，我们可以说，教师发展和学校教育革新改善的可能空间和限制因素，在很大程度上就蕴含于教师合作之中，教师合作为它们提供了总的框架。没有教师合作文化的深层次支撑，任何教师发展和学校教育革新改善都将是表面和临时的。

第六章 区域名师工作室促进教师专业发展

一、教师专业发展的内涵

讨论教师专业发展，首先需要解决的一个问题是：什么是教师专业发展。如何理解这个概念对于研究者而言是基础性的本体论问题。由此问题可以引申出其他问题，即什么是教师，什么是专业，什么是发展，什么是教师专业，什么是专业发展，等等。这些问题在相关文献中都有阐述，但在我们看来，教师在当今中国语境中是一个社会角色概念，他们承担着一个国家或社会的教育教学工作，但这种工作是专业工作，于是教师的专业工作中的"专业"含义需要界定清楚，我们所理解的教育教学"专业"是指教会学生学习、育人和服务三个维度的内涵。

（一）专业内涵

1. 教师专业内涵第一个维度是"教会学生学习"

学生只有通过学习才能获得发展。在心理学上，学生发展是与学习联系在一起的，"发展与学习"构成了基本的因果关系，只有学生学习了，学生才能发展。显然，教师专业就在于教会学生学习，从而使学生获得发展。在这个维度上，我们至少要回答三个问题，一是如何教会学生学习，二是如何教会学生如何学习，三是教会学生学习什么。在本质上，我们首先需要回答的是第三个问题，即学生学习什么，这可以有五个层次。第一层次，学生要学会学习。学习本身是学习的对象，学生不仅需要学习学习技能，如阅读（包括记笔记、做注解等）、观察、讨论等技能，而且需要养成学习品质，如好奇心、自主、主动、坚持、反思等，学会了这些学习品质，即具备了终身学习的品质，是学生学会学习的首要内容。第二层次，学生要学会认知。认知包括初级认知和高级认知，学生既要学会初级认知，如学会记忆、学会注意、学会感知，又要学会分析、判断、推理、决策等思维，还要学会语言、概念形成、知识表征，更要学会解决问题、专长和创造力，最后还要学会元认知。第三层次，学生要学会学科——国家规定的基础教育课程中的学科。学会认知是以学会学科为基础的，但学会学科既是目的又是手段，对于学会认知而言，学会学科是手段；对于掌握知识、形成学科能力而言，学会学科是目的，但最终是学会认知。这就能够解释为什么从幼儿园到大学甚至更长时间的学科学习从知识上可以忘记，但在学习学科时学会的认知却成为终身基础的原因。第四层次，学会工作中需要的技能。正如有国际组织指出的，学生要学会：①批判性地思考；②获取信息；③解决问题；④反思和改进自己的工作；⑤创造新的想法、产品和解决方案。第五层次，学生要学会共同体生活、学会生存、学会做事，它们与学会认知构成"四会"。在回答了学生学会什么的问题后，我们还要讨论教会学生如何学习。这里涉及学习方式、学习手段、学习策略、学习路径等，如教会学生兴趣学习、有意义学习、理解性学习，教会学生自主学习、合作学习、探究学习。学生学习什么，学生如何学习的问题回答之后还要回答如何教会学生学习，这就要构建"教"的概念。从实践角度来看，教是由"引导、指导、辅导、帮助、展示、演示、讲授、传授"等构成的，当然还有教导、训练、管教、训诫等。总之，"教会学生学习"是教师的专业。

在教师专业发展实践中，教师要经历学会教学、会教和教会学生学习的过程，教会学生学习是学会教学和会教的升华，教师先"学会教学"，然后"会教"，最后是"教会学生学习"。但从专业的客观需要角度来说，教师进入专业就应该是"教会学生学习"，这其实是一个教师培养如何实现"教会学生学习"的专业要求的问题。在教师教育中，这个问题是没有被讨论的，更不用说有实践。

2. 教师专业内涵第二个维度是"育人"

"人"是教育出来的，尽管离不开一定的生理、遗传、环境等基础。"育人"是教师"专业"必不可少的内涵，没有了"育人"内涵就不是教师专业。当然，这里理解的"人"是一个"完整的人"，完整性表现在"认知和情感""道德—公民性""个性、社会性和人格""健康和安全"及"艺术和审美"的发展要素构成，但它们要通过"育身、育心、育社、育灵、育脑"（新"五育"）的内容来实现，这与国家教育方针提出的"德、智、体、美、劳"是一致的。本文没有采用这些话语，是因为它们是教育方针，而不是学生发展的本体，德育、智育、体育、美育、劳动教育是教育的内涵，而不是人的发展内涵，不是学生发展内涵，人的发展的内涵是认知和情感发展，道德和公民性发展，个性、社会性与人格发展，健康与安全发展和艺术与审美发展，为了这些发展必须开展相应的教育。需要指出来的是，我们把认知发展放在第一位，并不否定道德——公民性发展，那是因为道德——公民性发展的"知、情、意、行"中"知"在第一位，意味着认知是它的基础，同样，其他发展也需要认知基础，因此，教师专业的"育人"性要体现"完整性"。同时，"育人"又与"教会学生学习"紧密联系在一起，没有单纯的"教会学生学习"，只有"育人"的"教会学生学习"才具有专业的真正内涵。

3. 教师专业的第三个维度是"服务"

在"教会学生学习"和"育人"专业内涵的基础上还必须有"服务"的内涵。教师是学校组织的成员，任何一个组织都具有服务的需要。广义上，教师是要提供专业服务的，指向专业外的。而本文理解的服务指向专业内的，不仅要对学生服务，而且还要对学校服务、对同伴服务，如备课组长、年级组长，教研主任、科研主任等学校内部的专业服务职位，它不是行政级别，而是专业组织中的专业职位，教师在承担"教会学生学习"和"育人"的专业任务的同时，还要提供相应的专业服务。同时，高度制度化和科层制化（资格制度、职称制度、荣誉制度、教研制度、政治制度等）制约着中国教师的专业发展，所有这些制度都将使教师处于服务的要求当中。服务将会在"教会学生学习"和"育人"上表现出来，同时会为满足政治制度和教师发展制度的需要而提供服务，如支教、城乡交流等。

（二）"发展"的内涵

教师专业的内涵构建为"发展"内涵的构建提供了本体论意义的基础。只有明确了教师专业的内涵，才能讨论教师专业发展的内涵。这就意味着，"教会学生学习"专业内涵维度是发展的，"育人"专业内涵维度是发展的，"服务"专业内涵维度也是发展的。没有教师天生就会有效地"教会学生学习的"，同样没有教师会天才地"育人"的，更不是每个教师都会"服务"，即使"服务"也是一个成长的过程。

发展是一个时间概念或是一个变化概念，教师专业发展具有时间性，但时间性并不等于发展，正如经历并不等于经验一样。但发展包括外在的和内在的，外在是形式，内在是本质。与教师专业发展相关的概念还有成长、改变、循环，国际上教师专业发展在变化上的理解通常以"阶段"来表达，诸如三阶段论、四阶段论、五阶段论、七阶段论等，不一而足。教师专业发展的阶段论还不足以揭示教师专业发展的本质，因此，我们以"主体层次"来构建教师专业发展的层次，即"前经验主体""经验主体""认识主体""价值主体"和"审美主体"。之所以用"主体"概念，是因为教师专业发展是自主的专业建构的过程，它体现出自在、自为、自觉、自控等内容。

前经验主体层次是指，教师根据个体的生活经验和教育经历自主地建构专业的前经验水平。时间上，分为培养期和入职期两个时期，这两个时期的一个共同特征在于"学会教学"的认知和行为。在教会学生学习上，前经验层次的教师主要是学会教学；在育人上，前经验主体层次的教师只会关注学生的道德发展，而不是以"完整的人"作为"育人"目标；在服务上，前经验主体层次的教师主要是接受任务或辅助角色。

经验主体层次是指，在前经验主体层次的基础上，逐渐地摆脱个体生活经验和教育经历而在自我实践中自主建构专业的经验水平，时间上没有期限，只有在经验——反思机制下的从零散到系统、从单一到复杂、从偶尔到经常的变化过程。经验主体层次的教师主要是会教。在"育人"方面，经验主体层次的教师开始关注学生的整体发展，在教育教学中渗透"育人"的活动和主题；在服务方面，经验主体层次的教师主要是提供意见和组织协调。

认识主体层次是指，在前两个主体层次基础上，教师自我在对客体反映中表现出自主建构专业实践的理性水平。它是经验主体的升华，是在物化概念、数字理性、经验理性和理论理性的机制作用下自我主宰专业的建构过程。认识主体层次的教师主要是会教会学生学习，根据学生学习规律开展教学，形成认识框架，具有自己的经验性；在育人方面，认识主体层次的教师具有价值引导，对学生发展的完整理解；在服务方面，认识主体层次的教师体现出专业领导、专业引领等专业服务的身份。

价值主体层次是指，教师自我对于专业认同、专业使命的建构水平，教师对"教会学生学习""育人"和"服务"三个专业维度的高度认同，并视之为终身追求的专业使命。

审美主体层次是指，教师自我对于专业认同和专业使命实现中体验专业幸福的意义的建构水平。它也是在教师价值主体层次上的升华，是教师专业发展的最高层次，它把专业的三个维度的实现视为崇高。

需要指出来的是，教师专业发展的价值主体层次和审美主体层次贯穿于整个教师专业发展过程中，它不是前三个层次的替代，而是体现前三个层次的分布水平的层次，也表现了这两个特定阶段这种层次的主导性特征。同时还可以表达一个观点的是，五个层次的主体性发展可能呈现的教师类型包括准经验型教师、经验型教师、研究型教师、学术型教师和学者型教师。需要解释的是，研究型教师和学术型教师的区别，"研究型"表现出来的是：具备研究技术、技巧、工具、方法等素养的教师；而"学术型"表现出来的是：在研究型教师的素养基础上，呈现出具有学术规范、学术读写说、学术追求的教师。

二、教师专业发展的职业周期

教师职业生涯是指从任教之日起直到退休离开教学岗位这一段时间内，教师积极投身教育工作的过程。自 20 世纪 40 年代起，心理学、社会学的研究开始探讨职业行为和生涯发展问题。随着教师专业化进程的推进，从 20 世纪 60 年代末开始出现了大量教师职业生涯方面的研究，提出了许多教师职业生涯发展的理论和模型，极大地促进了各国教师专业化的发展。这些理论和模型对于我国当前的教师教育改革具有重要启示。

（一）国外教师职业生涯周期模型及其相关理论概述

关于教师职业生涯发展的相关理论，现简要介绍几种：

1. 福勒的关注阶段论

福勒是教师职业生命周期理论研究的先驱者。许多关于这个领域的研究都根植于福勒的著作。她经过一系列的问卷研究，把教师职业生涯分为如下的几个发展阶段：①教学前关注，此阶段是职前培养时期；②早期生存关注，此阶段是初次接触实际教学的实习阶段；③教学情境关注，此阶段既包括生存关注，同时也会关注教学上的种种需要或限制以及挫折；④关注学生。

2. 伯顿的教师发展阶段论

在 70 年代末—80 年代初，美国学者在俄亥俄州立大学进行了一系列教师职业生涯发展的质的研究。以对教师的职业生涯进行静态分析的思路，将教师职业生涯分为三个阶段：①求生存阶段，指从事教学的第一年；②调整阶段，指从教的第二至四年；③成熟阶段，指从教五年和五年以上的教师。

3. 费斯勒的教师生涯循环论

20 世纪 80 年代，美国霍普金斯大学教授费斯勒（Fessler）和圣路易斯大学教授克里斯坦森（J. Christensen）两人历经八年，在广泛收集资料和深入访谈、追踪 160 多位中小学教师的基础上，借用社会系统理论提出了动态的"教师职业生涯发展周期模型"（Teacher CareerCycle Molel）。在该模型中，费斯勒教授和克里斯坦森教授把教师职业周期分为职前期、职初期、能力建构期、热情成长期、职业挫折期、职业稳定期、职业消退期和离岗期八个阶段，同时结合翔实的个案，分析了个人生活环境和学校组织环境对教师的影响，阐明了教师在每个阶段的专业发展特征和需求，并提出了相应的激励措施和支持体系方面的建议，为我们了解教师专业成长提供了一个非常有用的参考架构。

4. 休伯曼教师职业生命周期论

休伯曼等人通过对教师职业生涯周期的研究，把教师职业生涯过程归纳为以下五个时期：①入职期，是教师教学的第 1~3 年，可将这一时期概括为"求生和发现期"；②稳定期，时间大概在工作后的第 4~6 年；③实验和重估期，大约在工作后第 7~25 年；④平静和保守期，时间在教学的第 26~33 年左右；⑤退休期，时间为在工作后的第 34~40 年前后。

5. 司德菲的教师生涯发展模式

20 世纪 80 年代末，美国学者司德菲在借鉴吸收费斯勒等人先期研究成果的基础上，依据人文心理学派的自我实现理论建立了教师生涯发展模式，将教师发展分为五个阶段：

（1）预备生涯阶段

这一阶段主要包括新任教师及重新任职的教师。新任教师通常需要三年的时间，才会进入下一个阶段，而重新任职的教师则可能很快超越此阶段。这一阶段的教师具有以下几个特征：理想主义、有活力、富有创意、容易接纳新观念、积极进取、努力向上等。

（2）专家生涯阶段

此阶段教师具有较高水平的教学能力与技巧，同时拥有丰富的专业知识及多方面的信息来源。这些教师懂得如何有效地管理班级和分配时间，对学生抱有高度的期望，也能在自己的工作中激发潜能，达到自我实现的目的。

（3）退缩生涯阶段

包括三个小阶段：初期的退缩、持续退缩和深度退缩。

（4）更新生涯阶段

这一阶段的教师在一开始出现厌烦的征兆时，就采取了较为积极的应对措施，如参加研讨会、进修课程或加入工作坊等。故在此阶段的教师，又可看到预备生涯阶段朝气蓬勃的状态：接受新观念、进取向上等。与预备生涯阶段的教师不同的是，他们不再对教学感到新奇，而是致力于追求专业成长，吸收新的教学知识。

（5）退出生涯阶段

到了退休年龄或由于其他原因而离开教育岗位这些教师或者安度晚年，或者追求其他的职业生涯。

6. 加拿大学者的"教师职业成熟阶段"

加拿大学者在大量调查研究的基础上，把教师职业成熟水平分为角色确认、角色适应、角色成熟、职业发展"高原"、发挥骨干作用五个阶段。处于"角色确认"阶段的教师刚刚入职，尚不清楚如何当一名合格的教师，对工作中的困难缺少应有的思想准备，想找到当一名合格教师的捷径；进入"角色适应"阶段后则开始慢慢适应教师角色，向"职业成熟"阶段过渡；"职业成熟"阶段的教师已经积累了丰富的经验，因此在各方面都能克服障碍，积极进取，并富有革新精神；之后又会进入一个职业发展的"高原"期，出现疲劳、不适应或消极、安于现状等现象，若能及时加以调整，便可能进入"发挥骨干作用阶段"，成长为灵活、智慧、自信的优秀教师。

另外，国外学者认为反思和研究在教师职业生涯过程中起重要作用。如美国心理学家波斯纳将反思列为教师成长的关键因素，并提出了教师成长的公式：成长 = 经验 + 反思。舍恩做了"反思型实践者"的研究。英国课程论专家斯登豪斯认为教学实际上是一种课程探究的实验过程，明确提出"教师成为研究者"，指出研究型教师是教师专业发展的一个具体目标。教师的反思是教师对于教育事件进行理性选择的一种思维方式和态度。

（二）国内教师职业生涯周期模型及其相关理论概述

我国学者关于教师职业生涯的研究主要集中在教师职业生涯周期、影响因素、成长范式和促进教师专业成长的策略等方面。

教师职业生涯的研究中，中国台湾学者王诞生根据 Huberman 的生命周期理论来分析教师的工作生涯，将教师工作生涯划分为以下几个阶段：1~3 年为生涯起点；4~6 年为稳定阶段；7~18 年为行动主义阶段或自疑阶段；19~30 年为平静阶段或保守主义阶段；31~40 年为脱离阶段。

教师职业生涯可分为以下阶段：①职前准备期，主要指大学四年的职业学习及见习，岗位培训等；②上岗适应期，大约一两年时间；③快速成长期，从初步适应后到 30 岁高峰期；④"高原"发展期，30~40 岁；⑤平稳发展期，40~50 岁；⑥缓慢退缩期，50~60 岁；⑦平静退休期。

白益民提出的"自我更新"取向的教师职业生涯包括："非关注"阶段、"虚拟关注"阶段、"生存关注"阶段、"任务关注"阶段、"自我更新关注"阶段。

郑和在研究优秀教师自主成长的策略同时，提出：优秀教师在成长的道路上应自觉自愿地追求自我成长。优秀教师自主成长的基本策略是以理论学习与培训为先导，以自我反思为基本手段，在教育行动研究中成长，并在成长过程中自主记录其成长轨迹。

通过科学划分教师职业生涯阶段，有助于帮助教师明确不同时期的任务和目标，确定努力方向，使其积极地面对各阶段出现的问题，实现发展目标。同时有助于教育界的相关部门和领导根据各阶段教师的发展特点，实施相应的措施，使教师更好地过渡每个阶段，使其成就多姿多彩的教师生涯。但以往的研究也存在一定的局限性，主要表现在以下几个方面：第一，我国教师职业生涯理论研究大多数套用外国相关理论，得到的是教师职业生涯阶段的片面的、静态的理论，是在应然理论指导下的应然发展策略，缺乏实证的考究；第二，关于影响教师职业生涯发展因素的研究虽然具有一定的说服力，但研究的范围不够宽广，研究的角度多从宏观去概括而不是将微观的个体置于教师专业发展过程之中；第三，成长策略方面的研究，主要以培训策略为主，强调教师的反思，反思策略的指导并不具个体性，缺乏与中国国情相匹配的策略实证研究。

上述几种理论尽管自身都存在一定的局限性，但作为每一时期教师职业生涯周期理论发展的代表性论点，这些理论发展整体上从一个侧面反映出了教师发展阶段论逐步完善的过程。在内容上，后续研究者都努力在前人研究的基础上，不断改进、完善、超越，从而更加真实而完整地再现了教师职业生涯的发展过程。在研究方法上，从最初的个案法、访谈法到后来引入数据处理与分析，研究结果变得越来越科学，也愈来愈有说服力。在研究视角上，从初始的现象学描述到后来不断引入其他学科视角，如社会学、人文心理学等，把作为社会一分子的教师与作为个体的教师生动地展现出来，同时也揭示了可能对教师的专业发展产生影响的社会因素和个人因素。在理论表述上，也从最初的静态描述发展到了后来的动态展开。这些教师职业生涯周期理论生动揭示了教师在整个职业生涯发展过程中所呈现的阶段性发展规律及特征，对教师的专业化成长具有重要启示。

教师职业生涯漫漫几十年，是教师全部生命历程中的最重要阶段。为获得一个满意而成功的职业生涯，教师要始终不渝地追求和致力于自己的职业发展。学校及培训部门则应根据教师发展需要规律，为之提供足够的条件。

三、工作室影响教师专业发展的内外因素

"名师工作室"的建设是一个复杂的问题，影响因素很多，有校内教学任务与校外学习之间的对立，有自身发展愿景与现实工作的差距，有自我成长环境与外部人际协调之间的冲突，有外出学习与时间资金的矛盾等。只有细致分析产生这些问题的原因，才能有效解决目前名师工作室中面临的问题，才能更好地促进教师专业发展。

（一）名师工作室促进教师专业发展的不足

教师专业发展是多方面因素共同作用的结果，名师工作室作为促进教师专业发展的一种创新尝试，在实际运行过程中，也存在着一些具体的问题。

1. 教研活动形式有待进一步丰富

在调研过程中，名师工作室在开展学习活动方面都是不遗余力的，活动内容也比较丰

富，但是在表面丰富热闹的掩盖下，有些名师工作室活动形式略显单薄，实效性、针对性还有待提高。从所调研的几个名师工作室可以看出，在活动内容上，这些工作室通常围绕特定学科教学开展活动，注重学科教学业务指导，提高工作室成员的教育教学能力，但关注工作室特征和形成品牌效应的探索较少，这难以反映工作室团队成员的研究价值；在工作形式上，工作室的活动仍然局限于传统的公开课、听讲座和内部研讨等，缺乏丰富多彩、有吸引力的新形式活动，这使得成员的工作热情难以调动，长期以来，容易让老师们陷入教育教学的疲态，内生动力不足，不能真正提升名优骨干教师的专业成长。

2. 运行机制有待进一步完善

首先，教师激励机制没有充分发挥作用。马斯洛需要层次理论指出人除了生理、安全等较低层次的需求外，还有社交、尊重与自我实现等更高层次的需要，当生理、安全、社交、尊重等需要获得基本满足之后，自我实现的需要便会成为主导需要。教师的专业发展是一种自我实现的需求，是教师自我追求的更高层次需求。因此，教师激励过程除了职称晋级、薪酬、荣誉等基本保障，更高层次的激励因素，如成就、认可、责任和进步等将使教师感到满意，极大地激励教师的行为，促使其向教师专业自觉不断迈进。

其次，目标定位需要进一步明晰。有些名师工作室把教研目的定位在"拿奖""发表"，为自己的职称晋升提供"砝码"，这种急功近利的想法偏离了教育教研的初心，使主持人或者成员对于自身的发展没有清晰的思路，工作室最终要达成怎样的目标，自己在工作室的学习最终要有什么收获，没有明确的定位，从而造成自己的学习和研究活动既盲目又缺乏系统性，进而导致名师工作室不能发挥应有的作用。

第三，合作交流机制有待完善。一方面，目前名师工作室的教学教研活动大多是名师之间内部的自我交流，并没有利用高校的科研优势。如果没有教育领域专家的引领和指导，教师的专业发展将显得苍白无力。名师有实践经验，但往往缺乏理论上的指引，因此需要借力理论专家，才能相得益彰。然而，绝大多数教师表示名师工作室的建设很大程度上是各主持人把自己的教学经验、教学案例传授给成员，而接受教育领域专家指导的机会很少。即使有的工作室请了专家讲座，也是蜻蜓点水似的面上指导，没有深层次地根据工作室的实际情况进行把脉。各个工作室不应各自为阵，而应该互通有无，经验共享。除此以外，各工作室普遍存在着只着眼于本学校和本地区的交流研讨活动，与外省市交流研讨较少，和全国名师工作室的整体发展也不相适应，与国际间的交流就更谈不上了，缺少多元、丰富、先进的教育理念和教育教学交流。

3. 工作室活动成效有待进一步提高

在实际运行过程中，名师工作室的部分作用并没有得到最大发挥，即使有研究收获，那也是个人成果，没有对工作室其他成员起到推动作用。所以部分名师工作室建设效果有待提高。

首先，示范、引领效果可进一步加强。名师工作室通过名师的示范引领，带领成员研究课题，发表研究成果，积累教学教研的经验，但是，这种方式是把双刃剑，一方面，成员可以学习到名师在研究和教学的方法，运用到自己的实践中；但是另一方面，成员可能过于依赖名师的思维和方法，在一定程度上反而限制青年教师的发展。

其次，宣传及成果辐射效果可进一步扩大。名师工作室作为培养名师的基地，对追求上进的教师来说应该有很大吸引力的，但是在调研中，部分新教师并不了解名师工作室的目的和运行机制，有的教师还认为是领导强加的一份额外工作，不愿意参加，避免承担责任或者增加工作量，这使得名师工作室的辐射作用有削弱之势。工作室的优质教学资源和优秀人才资源，对本地区、周边地区，甚至在更广范围内充分发挥示范、引领、辐射作用，仍须下大功夫才行。

（二）因素分析

名师工作室在促进教师专业发展方面的不足是由多方面原因导致的，既有教育行政部门和学校的因素，也有工作室自身的因素，对存在的问题及其原因进行分析，可以更好地对症下药，有针对性地解决问题。

1. 教育行政部门保障支持力度不够

一方面，教育行政部门关于名师工作室的建立制定了一些制度予以保障支持，但是详细阅读相关内容会发现一些不完善的地方。正是有这些不完善的地方，导致在实际操作中存在各种不便。另一方面，经费不足困扰工作室活动。

2. 教师工学矛盾影响工作室的学习效果

工作室成员本身都是基层学校的骨干，教学、管理任务较重，时间有限、精力有限，对于工作室的课题研究任务、教研活动任务等，经常参与就有一定难度，加之有些学校领导不够支持工作室成员的活动，不给成员参加活动准假，导致一个工作室内成员之间的进步、发展快慢不均。因此，正常教学工作与教师专业素质的提升之间的矛盾一直是名师工作室不可回避的难题。

教师的学习需要依赖一定的时间和空间条件，但是事实上，由于很多教师承担着大量的教学课时，而且教师来自不同的学校，各个学校的教学安排不同，基本上无法保障按时参与研修活动，从而形成了现实的工作与学习之间的矛盾。

3. 主持人自身能力有待加强

对于名师工作室的主持人而言，在工作室的实践活动中充当着多重角色，既是教学活动的主导者又是教师专业成长的指导者，既是工作室运营的管理者又是政策上传下达的协调者。因此，他们既需要丰富的教育教学实践经历和教育理论，又需要与实践相结合的管理经验。工作室主持人基本上都是学校的学科带头人及教学骨干，他们的教学教研能力都比较强，组织管理能力也不错，但仍然有部分主持人自身的专业能力不足，主要表现在角色定位不清，政策把握能力上偏弱，对一些制度的理解有偏差，加上有些环节的沟通不畅，以至于工作室活动的开展阻力重重。

通过访谈得知，一方面，虽然名师们在教学过程中积累了丰富的经验，但由于教师工作具有一定的重复性，主持人在发展过程中创新不足，出现疲态，能力发展缓慢；另一方面，主持人也需要更高层次的引领，在专家的帮助下有目标地带领成员共同进步。

第七章 对区域名师工作室建设的反思

一、关于"名师"的反思

（一）参与教师要强化自我发展的意识与能力

教师专业发展不能光靠外力，内因才是主要因素，事物发展的内外因关系决定了教师专业发展最终要落实到强化自我发展意识和提升核心能力上。

1. 强化自我发展意识

教师内生学习与自我发展的本质是教师主体性的发展，教师主体性的发展离不开教师自我发展意识。教师在教育教学实践中形成了自身独特的意识。因此，强化教师自我发展意识要以教师自身教育教学实践为背景，在此基础上，名师工作室可以帮助教师更好地认清现有教育教学水平，并进一步规划自己的专业发展道路。

2. 提升教师核心能力

教师能力是教师在职业生涯中形成的一种特殊能力，和普通大众的一般能力不同，必须借鉴和吸收人类已有能力基础上不断提高，才能内化为教师自己的能力，这个过程是缓慢而艰难的。教师专业发展和自身能力息息相关，要想使名师工作室在促进教师专业发展上更进一步，教师自身能力建设不可忽视。

（1）进一步强化课程能力

教师的课程能力是指教师在课程实践中基于课程意识和观念，对课程资源做出的批判性理解和合适的价值选择后的整合与建构的能力。随着新课程的实施，教师从被动的课程执行者开始向课程设计者转变，而教师课程地位的提升以及课程角色的转换，对教师提出了新的能力要求与挑战，因此，课程能力是新课程改革的必然要求与发展趋势。

（2）进一步强化反思能力

教师的自我反思是教学创新的动力，是教师自我发展的重要机制，教师要在工作室的学习中加强自我反思能力。在工作室内部，通过自我反思，我们可以在课堂实践和学科研究相结合的基础上更新我们的思想，提高专业理论的质量，促进教学反思和科研能力的提高。教师的自我反思包括以下几点，一是对课堂的反思。在关注教学的内容、习题的选配的同时，更要关注学生的知识基础；二是对教学的反思。教师不再把上课、听课当作任务来完成，而是当作一种尝试，更多地体会教学过程中的感受和学生的反应，思考教学设计存在的问题；三是对课评的反思。课评不再是一路赞歌和蜻蜓点水似的发言，而把教者当作自己，深入剖析，在评课过程中，不同的意见多了，闪现的灵感多了，个性的想法也就说出来了。不管是教学教研还是阅读研讨，教师在工作室的每一项活动都有自己明确的任务，通过集体反思碰撞激发出灵感，最终形成教学实践的经验。

（3）进一步强化沟通能力

沟通能力指教师在教育教学实践中，具有与学生、家长、同事、领导等有效沟通、良性互动的能力，主要表现在认知学生、倾听他人、准备表达、互动交流等方面。在名师工作室的学习中，教师的沟通能力主要表现在互动交流上，加强工作室成员的互动交流主要有三种方式：一种是师生之间的交流讲座；另一个是组织所有成员外出观察课堂教学，如观看名师工作室成员的公开课；三是邀请优秀教师提供现场示范指导，学习他人的优势，观察不足之处，从不同角度寻求建议，提升自我。

名师培训不仅是教师个人学习的改进，还是整个教师队伍的共同发展和专业提升。因此，名师工作室成员之间的帮助与合作，是教师经验与智慧的交流，并在交流过程中相互促进和发展。在一定程度上，名师工作室打破了学校与学校之间的隔阂，摒弃了小学校的狭隘感情，将人才的恶性竞争转变为资源共享的良性竞争，将更多高素质的人才聚集起来，通过加强教师之间的互动交流，可以促进知识的交流与碰撞，进而提升教师教学能力和专业素质，加强区域教师的专业发展，这是名师工作室的真正追求。

二、区域教育行政部门的作用

为适应教育教学改革和发展的需要，打造一支高素质的教师队伍显得尤为重要。依托名师工作室的资源优势，可以加速教师的专业成长，从而更好地服务于教育教学工作。针对在调研中发现的问题，为更大地发挥名师工作室促进教师专业发展的作用，教育行政部门、学校、工作室和教师自身等多方面的努力和配合显得尤为重要。

（一）教育行政部门要完善保障机制建设

规章制度是规范行为的准则，只有规范的制度保障才能减少工作室主持人及成员的后顾之忧，才能全身心地投入工作室的日常工作中。

1. 加强经费保障和政策引导

首先，教育行政部门要深入调查名师工作室的实际困难，制订科学合理的规划，为名师工作室的有效运作提供最实际的财力支持。名师工作室的活动一般由区域教育局进行财政拨款，但不一定固定不变，根据每个工作室的活动预算，可以增加资金的投入和监督，确保资金能够及时分配，使工作室能够根据需要更好地开展研究活动。教育部门可以加强对工作室的财产管理和财务审查，并督促活动资金专款专用。

其次，教育行政部门对名师工作室的考评要简化流程，强化绩效。工作室的考评就像一个指挥棒，指引着工作室的发展方向，但是每个工作室有其自己的特点，过于详细复杂的考评虽然可以方便量化最后的评定结果，但是，不利于每个工作室根据自己的实际情况开展活动，最后导致成员们为了完成考评的内容疲于应付。教育局可以成立专门的考核小组，人员可以由相关教育部门领导和专家，以及教师代表组成。考核小组不能只是根据工作室提供的资料或听几堂课来考评，而应结合工作室的活动和现场教学实践综合来评定。考评可以分为以下三类：一是工作室在运行管理和教研活动的开展情况，二是工作室内成员的学习成效，三是工作室在一定范围内所体现的辐射作用。对工作室的考核首先要简化评价指标，不能让工作室的活动为了完成指标内容而疲于应付；其次，指标要系统化，既要有工作室的评价，也要有成员的学习评价；最后，还应该个性化，允许名师工作室根据其各自特色自定评价要求。

第三，要充分赋权。教育行政部门要减少对名师工作室的业务干预和控制，在做好政策引导和机制保障同时，把管理权归还给工作室。李强提到：在经营工作室时，我们应该让工作室更加温暖和友好，减少应付的工作，多做实在的事情，工作室的活动应该达到团队成员自我完善和团队共同进步的目标。赵利伟也希望：学校和教育部门要减少行政干预，多提供政策扶持，让工作室可以按照自己的方式运行，形成个性化发展。

2. 加强主持人能力培养

主持人能力的高低直接关系到名师工作室的建设效果，和工作室的发展息息相关，教育行政部门不但在选择主持人方面要擦亮眼睛，在主持人的后期培训上也要下大功夫。作为工作室的主持人，我认为教育部门除了在前期选拔方面要重视外，在后期主持人的培训方面也要加大力度，而且更应该重视后期的培训，最好建立名师培养跟踪、监督机制和阶段性的考核制度，使我们主持人的业务水平和管理能力能更进一步。政府部门在给我们提供培训机会的同时，还应当建立工作室主持人个人业务档案制度，有一个跟踪的手段，可以更好地根据工作室的发展需要调整培训项目和计划，更有针对性地组织培训。教育部门组织的培训活动最好紧紧围绕工作室的建设内容、运行机制等进行强化培训，我们的时间有限，有针对性的培训才能让我们在短时间内补充短板，更好地带动团队发展。

3. 加强网络交流平台建设

技术和网络为工作室之间的交流共享提供了平台。名师工作室的建设十分注重网络平台在实践中的运用，提高了教师应用信息技术的能力，它在教师知识的获取、存储和应用中发挥着重要作用。教育行政部门可以设立名师工作室资源库，将相关活动的结果上传到网站，同时，开设专栏，如课题常规、研究微课、典型案例、成果推广、设计指导、科研论坛、学术论文、科研报告和工作室风格等。通过这个平台，名师工作室不再是闭门造车，而是组建集体战线或联盟。全体成员充分利用网络平台，加强与全市、省乃至全国各地名师的沟通和交流，通过相互分享教学资源，不断提高教学水平和科研能力，借鉴最新的教学理论。在相互交流的过程中，不仅有助于加强本地区先进的教育教学思想的传播和借鉴，而且有助于教师从个体自学和探索转向教学集体寻求专业指导，并有助于促进区域优质教育资源的"强强结合"。

名师工作室的建设最重要的追求是辐射、影响和驱动，通过工作室之间的交流，一方面，促进工作室成员进行学习和研究；另一方面，它吸引更多其他学科的教师参与，工作室成员也可以建立工作室进行扩展和传播。同时，名师的思想也应注重教学和研究成果的辐射效应，并在更大的范围内进行推广和验证。

三、名师工作室的"隐忧"

学校和名师工作室是紧密联系的，教师在工作室的学习可以反过来带动学校教师的专业发展，而学校对教师的支持，可以更进一步促进教师的研修活动。

（一）认识到名师工作室对教师及学校的促进作用

学校的健康发展需要的不是一名优秀的教师，而是一支优秀的教师队伍，学校教师加入名师工作室可以提高自身实力、共享工作室的教学资源，进而带动学校整体教学水平的提升，因此，学校应该提供良好的环境氛围，调整工作室教师的相应工作量，鼓励他们在名师工作室的活动，支持教师在学校发挥榜样的力量，辐射引领周围教师的共同进步。教师自身能力发展了，会带动学校其他教师共同发展，虽然教师在教学方面的时间减少了，但是在教师团队发展上却能发挥更大作用，相对于教学实践的减少，学校其实能获得更多，专业提升效果还是很明显的。

（二）利用考评机制激励教师主动参与工作室活动

有些参与工作室的教师，因为种种原因，对工作室的活动也是应付了事，不但耽误了自己的时间，也浪费了名师工作室的学习资源，不利于名师工作室促进教师专业发展的初衷，鉴于此，学校可以将教师在名师工作室中的专业发展成效作为一项年终考核指标，在教学工作量方面与普通教师有所区别，在对学校教师的影响方面有所侧重，在教师培训积分方面给予考虑，对做出成绩的予以奖励，从而激励教师主动参与工作室活动。只有将教师在工作室的学习成效纳入到学校的考核中，并在年终考核中体现，教师才会在工作室的学习中更上心、更积极，单凭教师的一腔激情来维持工作室的教研活动是坚持不了多久的。

（三）通过宣传鼓励更多教师加入名师工作室

名师工作室主要宗旨就是引领和带动区域教师专业水平的提升，而这种引领是相对的，既要能够"走出去"，也要能够"领进来"，只有保证优秀教师这一新鲜"血液"不断引入，才能够永葆活力。在推选教师加入工作室时，除考虑政治思想、专业技术职称和专业知识等条件外，侧重选取那些年富力强、责任心强、具备较好协调能力和乐于奉献的教师。对于主动报名参加名师工作室而专业技术职称未达到要求的青年教师，采用列席的方法吸取其参与，以保护其高昂的积极性。

为了扩大名师工作室的影响，学校可以利用多种宣传渠道，组织教师学习和研讨，加强对名师工作室作用的宣传力度。通过举办名师工作室的挂牌仪式，精心布置已有的名师工作室，提高名师工作室的影响力度。可通过组织名师工作室创新成果展，通过讲座和宣讲会，使许多老师得出只有不断学习，才能知道自己的不足，只有知道自己的不足，才能有所成长的感悟。现在我们的名师工作室虽然发挥了一些引领辐射的作用，但是还是太小了，岳阳有那么多的教师，仍然有很多教师不了解我们，认为我们高高在上，仿佛与他们不相干，这个和我们的宣传有关，说明我们在这方面做得不够。

四、工作室运行的框格

加强对名师工作室的规范管理可以促进其良好的发展，更好地发挥其在教育改革研究与实验、教师队伍专业发展和优秀教师培养等方面的作用。除了规范管理，工作室还可以借助社会力量，如高校和一些社会团体来促进自身发展。

（一）完善各项管理制度

为了进一步推动名师工作室有序、高效地开展研究活动，有必要形成一套完整的规则和制度，使名师工作室的管理过程更加顺畅、标准化。名师工作室制定并实施了工作室培训计划、工作室管理系统、工作室登记系统、工作室日常工作记录、工作室会议记录、工作室学习制度等内部制度，它不仅使工作室有明确的工作目标，而且还有详细的记录，从而为年度评估提供详细的参考。名师工作室要求按照"七有"的基本要求，做到有阵地、有制度、有活动计划、有学习资料、有听课记录、有活动经费、有工作人员，不断加强工作室的规范化建设。名师工作室不但要求所有成员制作出详细的年度和学期活动，为了提高工作室所有成员参与研究活动的积极性，工作室还鼓励教师更多地思考和辩论，让教师发表意见、反思并从思维碰撞的火花中汲取教训，从而收获课堂教学技能，提高科研能力。

此外，工作室还要有高效的激励机制强化成员的学习热情。水不激不跃，人不激不奋。行为科学研究表明，一个人在没有受到激励的情况下，他的能力仅发挥 20% ~ 30%，如果受到正确而充分的激励，能力就有可能发挥到 80% ~ 90%，以至更多。教育实践证明，在名师工作室中，建立和完善有效的激励机制，正是挖掘教师潜能，充分调动教师学习积极性的有效途径和方法。提倡"名利双收"的激励机制：我们不但要给教师们在学习的道路上予以精神鼓励，也要在物质上给予奖励，双管齐下，教师的学习热情和活动积极性才会持续高涨。希望提升教师的幸福指数：名师工作室就是一个平台，在这个平台上，教师可以展示教学技能并有机会成名成家，在充分的精神鼓励下自身的幸福指数也会提升。工作室的经费可以在期初进行合理分配，在方案中量化成员的学习，并进行奖惩，将效率和效益挂钩，打破"大锅饭"的分配弊端，以最大限度地发挥物质奖励，起到激励效果。

（二）充分发挥互联网优势

随着"互联网+"理念的提出，对于教师教育而言，"互联网+教育"可以进一步形成"互联网+教师共同研修"。"名师网络工作室"作为一个新的模式，可以成为促进教师专业发展和培养骨干教师的重要载体。名师工作室可以借助互联网平台，实现区域间优质教师资源共享，促进跨区域的合作与交流。比如名师工作室可以通过博客、QQ 群、微信群、阅读沙龙、课堂观察、主题研究、成果展示、资源共享等不同的交流形式，增加不同工作室成员的合作意识，相互学习能力得到加强，在交流学习和分享成果的过程中形成了幸福感。通过网络平台，不仅能传播先进的教育理念和方法，还能成为动态发布工作、成果展示和资源整合的中心和交流平台，帮助各个工作室解决问题。

除了网络平台，在移动互联网时代，可以尝试运用智能手机平台，开发名师工作室管理系统 APP，有效解决成员难集中、时间有限等问题，让各个工作室团队成员在手机上轻松发布工作室文章，图片及成果，学习名师经验、视频，阅读简报资讯等，还可以通过话题社区进行研修交流，发现问题，共同成长。通过强大的移动端，让不同的工作室成员实现异地管理，跟岗研修，完成工作室主持人布置的学习研修任务等，真正实现随时随地、移动化、碎片化地参与工作室团队一切活动，借助团队力量提升专业发展，最终达成学研共同体。

（三）构建专业共同体促实践性知识学习

教师专业共同体的学习活动应该源于教师的实践并最终作用于实践。理想的教师学习是深度融合于教师实践之中的。学习即为实践，实践亦即学习。"实践性知识"是教育者对自己的教育教学经验进行反思和提炼后形成的，并通过自己的行动做出来的对教育教学的认识。他们必须对自己面临的问题情境以及习以为常的思维习惯进行反思，通过群体成员之间的相互激发，直接面对冲突和矛盾，让自己内隐的心智模式浮现出来。"实践性知识"是教师的核心竞争力，如果教师在日常的教学实践中不善于归纳总结，不能实现隐性知识与显性知识的相互转化，这种知识就无法形成和展现，教师专业发展也就无从谈起。赵勤老师谈道：名师工作室颠覆了以往教师培训的局限性，通过构建共同体的形式创新了教师培训的形式与内容，注重成员的参与和体验，促进了教师个体与名师工作室之间的互动，将实践性知识这种教师隐性知识外显化，能更好地促进教师专业发展。

教师的传统教育培训通常把理论知识的灌输作为主要任务，而忽视实践性知识的形成，使教师处于"被动接受者"的状态，而名师工作室通过构建专业共同体，在获取知识和增长技能两方面促进教师实践性知识的学习。

一方面，丰富知识来源，强化自主意识。教师固有的知识来源主要是通过职前大学开设的学科课程传授和职后的以本学校为主的教育教研活动来获得，而名师工作室以学科为主干凝聚全市优秀教师组成团队，教师可以成为知识的建构者和创建者，在同伴互助学习及教学实践情境中，通过自我的感知、理解、反思与分享等方式，不断地丰富经验，从而逐步建构起自己的知识体系。教师专业发展论认为教师的专业发展是教师专业成长或教师内在专业结构不断更新、演进和丰富的过程。强烈的自主意识，能够促使教师形成强烈的责任感，始终对自己的专业发展保持一种自觉的状态。当教师内心认同专业发展的价值，并把它转化为强烈的动机，就会积极主动寻求促进自身发展的机会。自主意识使教师能够把握自己与外部世界的关系，把自身的发展当作认识的对象和自觉实践的对象，并成为自我发展的主体，使自己成为自我引导型的学习者，进而更多地获得所需的知识。那么，如何通过共同体方式对教师进行培养？首先，我们要人性化管理，让成员也可以参与到工作室的制度制定，学习活动的设计中来，为他们提供机会和平台；其次，我们营造学习共同体的氛围，让教师共同制定课程目标和实施方案，并规划学生学习活动，开展更具有针对性的评比和竞赛激发教师们的积极性；第三，作为主持人，如何评价教师学习共同体的效果很重要也很关键，要用过程取向和主体取向的评价来激励教师，让有情怀的教师在我们工作室迸发出更耀眼的光芒。

另一方面，强化技能训练，提升创新意识。

任何技能的获得都不是一蹴而就的，一个教师获得复杂的课程技能需要经过长期的训练、操作、应用与构建等过程才能逐步形成和完善，名师工作室可以发挥其共同体的优势，多方面地为教师技能的提升提供帮助。为了更好地提升技能，创新必不可少。教师创新意识的培养需要教师在课程设计时创新，在教学操作中创新，在课堂引导过程中创新，只有全面创新教学过程，才能给教师教育教学带来一定启示，促进名师工作室对教师的培养。课程技能训练方法：我们工作室开辟了课程实验室，专门进行实验教学，将工作室课程技能培养的"实验室情境"与教师们"中小学的真实场景"相结合，使课程理论的学习体验、课程技能的操作训练及实践应用融为一体，以促成工作室成员对于课程技能的掌握和运用，目前取得了较好的成效。为了增强工作室的吸引力，我们必须不断创新。首先，要认真设计活动主题，采用"活动主题—独立探究—问题发现—交流互动—问题解决"的方法，激发教师积极研究和自我反思的能力。名师工作室可以以"微观主题"的形式开展共同体的学习，对教师在教学、科研、竞赛中遇到的常见问题、难题和棘手问题进行专题讨论，通过改进和处理典型问题，最终找到切实可行的解决方案。除了上面提到的，李强强调在教师共同体中进行技能的训练和创新意识的培养需要保持开放的心态和谦虚包容的姿态。

（四）借助社会力量推进工作室建设

工作室的发展除了依靠自身以外，还须拓展空间，借助外界的社会力量，向高校或其他专业组织寻找自己的发展潜力。

首先，依托大学建立名师指导团队。教育教学问题本身就非常复杂，靠一人之力是无法解决的，通过组建名师工作室可以破解部分难题，但是仅有横向的同层级支援而缺少纵向的专家引领，即没有专家学者等更高一层次人员的协助和带动，同事之间的横向互助经常会导致同水平的反复。目前的名师工作室主要依靠主持人的一人之力，但作为主持人的名师也是需要不断进步的，同样会有专业发展的困惑。在名师工作室研修过程中我们需要建立依托大学内专业研究者的名师指导团队，这样不仅可以加强主持人的理论指导和学术引领，提升教学示范水平，对工作室教师来说，通过与专业研究者的沟通交流，有助于深化教师的反思，促进专业发展。

其次，依托名师工作室联盟扩大交流范围。"全国名师工作室发展联盟"系光明日报主管主办《教育家》杂志、人民教师网、名师成长大讲堂等单位联合建立的以名师工作室为单位，搭建区域间学习、交流、研讨推广的"线上+线下"的一体化学术平台。通过联盟活动了解到平台连接全国各地名家及各地一线名师，开展交流互动，访学研讨，实现其专业引领常态化，促进成果转化，集体研修，培养名师，打造名师工作室品牌。登高方能望远，识广才至见高。全国名师工作室联盟给了工作室更高的平台，通过工作室联盟机构，可以加大各个工作室之间的联系，取长补短，打开工作室成员的眼界，向更高的阶段迈进。

参考文献

[1] 严华银. 教师发展：教育发生的前提 [M]. 北京/西安：世界图书出版公司，2018.

[2] 程良宏. 教育变革中的教师发展路径与逻辑 [M]. 西安：陕西师范大学出版社，2018.

[3] 林杰. 美国大学教师发展组织和项目 [M]. 太原：山西教育出版社，2018.

[4] 王绯烨. 教师领导力视角下我国骨干教师的发展研究 [M]. 北京：北京交通大学出版社，2018.

[5] 杨惠元. 国际汉语教师发展丛书 国际汉语教师课堂教学法 [M]. 北京：北京语言大学出版社，2018.

[6] 于素梅. 体育教师专业发展丛书 备课的门道 [M]. 北京：教育科学出版社，2018.

[7] 王飞宇. 音乐教师专业素质发展研究 [M]. 北京：知识产权出版社，2018.

[8] 李颖. 综合实践活动课程与教师专业发展 [M]. 长春：吉林人民出版社，2018.

[9] 崔友兴. 中小学教师专业发展动力论 [M]. 成都：西南交通大学出版社，2018.

[10] 邵林海. 地方高校体育教师专业发展研究 [M]. 北京：冶金工业出版社，2018.

[11] 李春玲. 汉语研究与教师发展 [M]. 北京/西安：世界图书出版公司，2019.

[12] 卢虹. 应用型教师发展研究 [M]. 上海：同济大学出版社，2019.

[13] 贺慧敏. 校本教师发展的理论与实践研究 [M]. 天津：天津社会科学院出版社，2019.

[14] 吴薇. 欧洲大学教师发展组织建设研究 [M]. 厦门：厦门大学出版社，2019.

[15] 刘美云. 民办高校青年教师发展问题研究 [M]. 武汉：武汉大学出版社，2019.

[16] 钟发全. 卓越教师的发展"图谱"教师职场的精进之路 [M]. 福州：福建教育出版社，2019.

[17] 孙德坤. 汉语作为第二语言教学的教师发展研究 [M]. 北京：商务印书馆，

2019.

[18]（新西兰）杰克·C. 理查兹，（加拿大）托马斯·S. C. 法瑞尔. 语言教师的职业发展［M］. 上海：复旦大学出版社，2019.

[19] 王琪，任君庆. 高职院校教师专业发展研究［M］. 杭州：浙江大学出版社，2019.

[20] 王华女. 教师学习与专业发展的实证研究［M］. 长沙：湖南师范大学出版社，2019.

[21] 王长顺. 中小学教师发展与教育教学改革研究［M］. 西安：陕西人民出版社，2020.

[22] 尹玉玲. 中国大学教师学术职业发展机制研究［M］. 北京：知识产权出版社，2020.

[23] 张骏等. 大数据时代职业教育教师数据智慧发展研究［M］. 北京：旅游教育出版社，2020.

[24] 曾艳. 教师领导与教师学习［M］. 上海：上海交通大学出版社，2020.

[25] 张娜. 教师研究［M］. 上海：上海社会科学院出版社，2020.

[26] 孙彩霞. 课程变革下教师的情绪地图与支持路径［M］. 杭州：浙江大学出版社，2020.

[27] 徐蓝. 普通高中课程标准教师指导 历史 2017 版［M］. 上海：上海教育出版社，2020.

[28] 陈列. 教师知识管理［M］. 长春：东北师范大学出版社，2020.

[29] 商会敏. 好教师懂学生［M］. 郑州：河南科学技术出版社，2020.

[30] 龙宝新. 教师成长环境研究［M］. 西安：陕西师范大学出版社，2020.